서울
리뷰
북스

KB179996

Seoul
Review of
Books
2024 여름

14

## 1.

손바닥에 왕(王) 자를 쓰고 다니면 왕이 될 수 있을까? 사실 여부를 떠나 이런 정도의 행동은 황당하지만 웃어넘길 만하다. 징크스 때문에 반드시 왼발부터 양말을 신는다든가 하는 종류의 집착은 누구나 한두 가지쯤 가지고 있는 것 아닌가. 게다가 손바닥에 글자 쓰고 다니는 것이 남에게 특별히 피해를 주는 것도 아니니 이야깃 거리는 될지언정 크게 타박할 사안은 아니다. 하지만 국가 지도자가 합리적인 근거나 논의가 아니라 점술이나 관상 또는 신탁에 의존해서 의사 결정을 한다면 이것은 다른 문제다. 국민은 지도자가 보이지 않는 정체불명의 존재가 내리는 명령이 아니라 객관적 정보를 분석하고 국민의 의사를 두루 취합해서 합리적으로 판단하기를 기대하기 때문이다.

안타깝게도 모든 사람이 동의할 수 있을 법한 이런 상식 또는 원리가 요즘에는 지켜지지 않는 듯하고, 일상에서도 너무나 쉽게 도외시되고는 한다. 중요한 결정을 할 때 상식이나 객관적 정보가 무시되기 일쑤이며, 합리성이나 과학이 아무렇지도 않게 지배자의 논리로 매도되거나 진리의 상대성이라는 잣대로 공격받는다.

그 반대편에는 전근대적 사유 방식이나 영적 현상들이 충분한 성찰 없이 비난받거나 매도당한 역사가 있다. 인터넷이나 SNS를 통한 정보의 증가는 이런 편향을 완화하기는커녕 오히려 증폭시키는 듯하다.

이번 호에서는 믿음과 회의, 합리과 비합리 같은 인간 인식의 본질적 문제를 보다 심도 있게 살펴보는 특집을 마련했다. 사람들은 왜 이상한 것을 믿는지, 우리가 설명하기 어려운 많은 영적 현상을 어떻게 이해할지, 나아가 인간 중심적인 세계 인식을 넘어서 사물이나 환경과 어떻게 관련을 맺고 상호작용해야 하는지와 같은 주제를 다룬 책들을 꼼꼼히 읽고 차분하게 따져 보는 서평을 모아 보았다. 이런 기획이 맹목적인 믿음의 세계를 넘어서는 것과 아울러, 도식적 형태의 근대성으로 세상을 재단하는 한계도 극복할 수 있는 자그마한 계기가 될 수 있기를 기대한다.

2.

창간준비호부터 이번 호까지 열다섯 권을 내면서 《서울리뷰오브북스》(이하 《서리북》)는 지금 우리가 살고 있는 세상의 흐름을 감지하고 새롭게 이해하는 데 기여하고자 심혈을 기울였다. 책을 고르거나 특집 주제를 정함에 있어 오늘날 우리의 독자들이 어떤 문제에 관심이 있는지 그리고 최근 어떤 종류의 신간들이 나왔는지를 파악하기 위해 편집위원들은 많이 고민하고 의견을 나누었다. 당연히 이런 노력을 지금보다 더 기울여야겠지만, 이 시점에서 우리는 호흡을 한번 가다듬는 여유도 함께 가져 보기로 했다. 최근 나온 신간을 다루는 서평을 조금 줄이는 대신, 지금 다시 읽어 볼 만한 예전에 나온 중요한 책을 되돌아보는 꼭지를 마련했다. 현재 우리에게 닥친 문제의 근본을 이해하기 위해 반드시 읽고 넘어가야 할 고전을 꼽고, 그 책을 오늘날의 시각에서 차분히 살펴보는 작업을 시도한다. '고전의 강'이라는 제목으로 마련한 이 기획을 통해 오늘을 보다 깊게 이해하고 미래를 보다 넓게 파악할 안목을 갖추는 데 일조해 보고자 한다.

이런 기획을 여는 첫 글을 정우현 편집위원이 마련했다. 진화는 오늘날 우리가 세상을 이해하는 가장 중요한 개념 중 하나이다. 찰스 다윈의 위대한 연구 이후, 사람들은 진화를 다양한 맥락에서 이해하고 이 개념을 심화, 발전시켜 왔다. 진화심리학은 이런 지적 탐구가 낳은 한 결실이며, 2003년 우리말로 번역·소개된 로버트 라이트의 『도덕적 동물』은 진화심리학을 이해하는 데 반드시 거쳐 가야 할 필독서 혹은 현대의 고전이라고 할 수 있다. 정우현 편집위원은 이 책에 대한 꼼꼼하고 냉정한 평가뿐 아니라, 이 책이 나오게 된 배경 그리고 이 책이 오늘날 진화심리학 분야의 발전에 미친 영향 등을 폭넓게 살펴봄으로써, 무엇을 고전으로 꼽아야 하는지 그리고 그 고전을 현대적으로 이해한다는 것이 어떤 의미인지를 잘 보여 주고 있다. 정우현 편집위원의 서평, 나아가 새로 마련한 꼭지에 많은 관심을 가져 주시기를 부탁드린다.


3.

그리고 《서리북》은 독자들과 보다 적극적으로 만나기 위한 새로운 사업을 마련했다. 더 많은 분들이 서평을 통해 책에 대한 자신의 생각을 벼리고 나눌 기회를 마련하고자 서평 공모전을 기획했다. 세상 모든 분들이 관심을 갖고 참여하기를 염원하는 의미와 "서평은 그 자체로 하나의 우주다"라는 《서리북》의 구호를 담아 '우주리뷰상'으로 이름 지은 이 행사는 책을 사랑하고 서평 쓰기에 진심인 사람이면 누구나 참여할 수 있다. 엄격한 심사를 거쳐 선발된 원고에 대해서는 상금을 수여함과 함께 《서리북》에 게재해서 많은 독자들이 함께 읽을 수 있도록 할 예정이다. 아울러 서평자와 책 저자 등을 모시고 진행하는 북토크도 기획 중이다.

'우주리뷰상'에 대한 자세한 내용은 이번 호 안표지에 공지했다. 많은 분들이 참여해 주셔서 이번 공모전이 새로운 형태의 책 축제로 자리매김할 수 있기를 기원한다.

편집위원장
김두얼

# 차례

## 리뷰

## 고전의 강

## 문학

"우리는 타자의 불가해한 믿음을 이해하는 과정에서, 동시에 자신의 일상적 인식 체계 또한 역사적으로 구성된 범주들의 덩어리라는 것을 성찰하게 된다."

◀ 한승훈 「지적 대상으로서의 기괴한 믿음」

"여기에는 한 가지 전제 조건이 따른다. 그것은 사람들이 이상한 것보다 과학적 사고방식과 회의주의를 더 먼저 생각할 수 있는 지성의 불꽃이 꺼지지 않아야 한다는 것이다."

◀ 권석준 「패턴의 자동 완성이 주는 편안함과 쏠림」

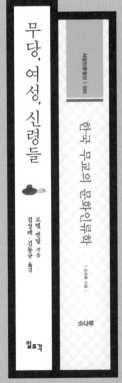

"한국 무속의 현장에 직접 뛰어들어 살았던 두 여성 연구자의 경험은 한국 무속과 여성들 삶의 내면을 파악하는 인류학적 성과를 남겼다."

▶ 오성희 「여성 인류학자들이 만난 무속의 현장들」

"풍수라는 '전근대적' 술수(術數)를 '현대적'
학문으로 정립하고자 한 그의 여정은
평탄하지 않았다."

▶ 임종태 「현대 지리학과 그 사상적 대안 사이에서」

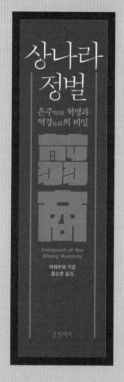

"진실 추구라는 역사학의 명제를
포기할 수 없다면, 설사 역사가가
완벽하게 객관적일 수는 없더라도,
최소한 증거를 제시하는 데
어느 정도라도 꼼꼼할 필요는
있을 것이다."

◀ 심재훈 「좋은 역사가가 베스트셀러를 쓸 수 있을까?」

"더 중요한 것은 우리가 사는
이 세상에서 접하는 존재에게서
생명력과 활력, 관계성을
발견하는 것이다."

▶ 홍성욱 「애니미즘은 세상을 구원할까?」

"책을 통해 한 공동체의 역사를
독자가 직접 체감하도록 하겠다니,
저자는 왜 이토록 무모해 보이는
기획을 시도한 것일까?"

▶ 이승철 「사소한 것들의 힘」

"이 두 권의 책이 상영되는 스크린은
영화가 모던함과 맺는 특별한 관계다.
그 관계의 원천은 영화의 사진적 속성,
즉 카메라를 통한 변화하는 현실의
기록을 재료로 삼고 그 기록을 움직이는
이미지의 지속으로 전환하는 영화의
고유한 역량이다."

◀ 김지훈 「영화의 모던한 존재론, 역사와 예술」

"통설에 대한 이의 제기는 바람직하며
필요하다. (……) 문제는 통설이 형성되는
과정에서 축적된 논리와 근거를 뛰어넘는
일이 결코 쉽지 않다는 데에 있다."
◀ 홍제환 「북한, 첫 단추부터 잘못 끼운 것은 아니다?」

"한반도의 특출난 언어학자
김수경에 대해 일본의
인류학자가 이 정도의 크고
탄탄한 연구를 해냈다는 것이
하나의 경이라고도 할 수 있다."
◀ 박진호 「한 언어학자의 삶을 통해 본 남북 분단」

"진화는 인간의 본성을 결국 어디까지
설명할 수 있을까? 만약 (일부의 바람대로)
진화를 '진보'라고도 볼 수 있다면
진화심리학은 앞으로도 오랜 기간
절치부심하며 더 진화할 결심을
해야 할 것이다."
▶ 정우현 「도덕은 왜 유전자와 싸우는가」

일러두기

1  《서울리뷰오브북스》에 수록된 서평은 직접 구매한 도서로 작성하는 것을 원칙으로 합니다.

2  《서울리뷰오브북스》에서 다루기 위해 선정된 도서와 필자 사이에 이해 충돌이 발생하는 경우,
   주석에서 이를 밝히는 것을 원칙으로 합니다.

3  단행본, 소설집, 시집, 논문집은 겹낫표「 」, 신문 및 잡지와 음반, 전시는 겹화살괄호《 》,
   단편소설, 논문, 신문 기사 제목은 홑낫표「 」, 영화, 음악, 팟캐스트, 미술 작품은 홑화살괄호
   〈 〉로 묶어 표기했습니다.

4  아직 한국에 번역·출간되지 않은 도서를 다룰 경우에는 한국어로 번역한 가제와 원서 제목을
   병기했습니다.

믿음, 주술, 애니미즘

서울
리뷰 오브
북스

지워진 믿음의 기록

미신의 연대기

너 일록삼신어야
한 눈으로 보기도 어려운데 칭가지 꽃혀 있구나
네가 내 눈의 못을 뽑아줄 수 있다면
나도 네 눈의 못을 뽑아줄 수 있단다

이창익 지음

『미신의 연대기』
이창익 지음
테오리아, 2021

# 지적 대상으로서의 기괴한 믿음

## 한승훈

**"과학과 미신, 바로 그 사이"**

오컬트 영화를 즐기지 않는다. 한국 오컬트 영화는 더욱 보지 않는다. 이유는 깊이 생각해 보지 않았다. 자기 시대를 다루는 사극 보기를 즐기지 않는 역사학자들과 비슷한 심정일지도 모르겠다. 한국 종교사와 민속종교를 공부하는 입장에서 나의 연구 대상이 대중문화 장르에서 어떻게 재현되고 있는가 하는 것은 분명 흥미로운 문제다. 그러나 그 결과물은 대체로 실망스럽다. 특히 상업 영화 제작을 둘러싼 조건 속에서 민속종교 관련 소재는 사람들이 가지고 있는 선입견에 손쉽게 편승하는 방식으로 활용되고는 한다. 그런 실망감은 영화 〈곡성〉(2016)을 봤을 때 절정에 다다랐다. 여기에서 무당은 어딘지 수상하고 그들의 의례적 테크닉은 남들에게 해를 끼칠 가능성이 있는 위험한 것이다. 그리고 그런 해악은 어째서인지 대부분 일본과 관련된 것으로 묘사된다. 일본이 부과한 식민지 근대와 함께 대중화된 '미신'에 대한 반감이, 기묘한 방식으로 민족주의와 결합해, 바로 그 일본을 악으로 표상하게 된 것이다.

내가 〈파묘〉(2024)를 본 것은 외압에 의한 것이나 다름없었다.

영화 〈파묘〉의 등장인물들.(출처: ㈜쇼박스)

무당과 지관이 주인공이고, 일본의 음양사와 소위 쇠말뚝 음모론
이 주요 소재라는 정도의 정보를 들은 시점에서 관심이 식었다. 몇
몇 매체에서 요청하는 영화 평을 거절하는 와중에 『미신의 연대
기』에 대한 서평 의뢰를 받았다. 이 책의 첫 부분에서 암장 발굴(暗
葬發掘)을 통한 기우(祈雨) 사례를 다루고 있다는 것을 떠올리고는 버
틸 수가 없었다. 묘 파헤치는 책을 시의적으로 비평하기 위해서는
화제가 되고 있는 묘 파헤치는 영화도 봐야 했다.

    물론 이 글은 영화가 아니라 책을 다루는 것이므로 〈파묘〉에
대해서는 별로 할 말이 없다. 다만 영화 초반 두 주인공이 자신의
직업을 소개하는 대사는 (어디까지나 중의적이지만) 종교학자의 작업에
대해서도 좋은 아이디어를 준다. 이를테면 무당은 이런 존재라고
한다. "음과 양, 과학과 미신, 바로 그 사이에 있는 사람." 지관이 자
신의 일을 정당화하는 담론은 이렇다. "미신이다, 사기다, 다 좋까

라 그래. 대한민국 상위 1퍼센트에게 풍수는 종교이자 과학이다."

　여기에 언급되는 '종교', '과학', '미신' 등의 개념들은 종교학자 이창익의 2021년 저서인 『미신의 연대기』의 핵심어들이기도 하다. 이 책은 이런 범주들이 소개되어 유통되기 시작한 식민지 시기 언론 자료를 바탕으로 당시에 '미신'이라고 불린 민속종교 및 신종교(新宗敎) 현상을 다루고 있다. 오늘날까지도 무속, 풍수 등은 '미신'의 범주에 속하는 것으로서, 공적 담론의 영역에서 다루기 꺼리는 현상들이다. 그러나 그 상당 부분은 전근대 시기에는 '정상적' 지식의 일부였으며, 현재까지도 한국인의 대중적 믿음의 일부로 잠복해 있다. 〈파묘〉의 상업적 흥행, 그리고 21세기 이후 정치적 사건들에서 종종 제기되어 온 '미신' 관련 논란들은 그런 믿음에 대해 현대 한국인들이 품고 있는 복잡한 감정이 노출된 계기들이다.

　종교학자는 어디까지나 '과학'의 영역에 속하는 근대 학문의 방법을 사용하지만 '미신'이라 불리는 기괴한 믿음들에 대해서 지적으로 이해할 것을, 심지어 어느 정도는 공감할 것을 요구받는다. 그 과정에서는 종종 사람들이 '과학'이라 분류하는 범주마저도 성찰과 비평의 대상이 되고는 한다. "과학과 미신, 바로 그 사이"는 종교학자의 작업이 이루어지는 자리이기도 하다. 이 비좁은 영역에서 수행되는 연구의 전략은 다양하다. 그리고 이 책이 택하는 길은 꽤 특이하다.

## 무엇을 '미신'이라 부르는가

제목이 주는 당혹감부터 언급해야겠다. 인류학, 민속학, 종교학 등 민속종교와 관련된 분야의 연구자라면 '미신'이 중요한 개념어로 사용되는 것에 생경함을 느낄 것이다. 그것은 일종의 학문적 금기

어다. 지시 대상이나 범주가 모호할 뿐만 아니라 타자 및 타 문화에 대한 강렬한 편견을 담고 있기 때문이다. 나 자신도 강의 중에 '미신', '사이비'와 같은 단어를 쓰는 학생이 있다면 강박적으로 교정하려 할 것이다. 그러나 이 책은 의식적으로 이 용어를 전면에 내세우고 있다. 저자에 의하면 "근대 이후 종교의 역사는 미신을 지우고 멀리하면서 형성되었다." 따라서 "미신의 역사에 대한 이해 없이 근대 종교를 이야기하는 것은 어불성설이다."(5쪽) 물론 여기에서 말하는 미신이란 우리의 일상어 속에 있는 어휘와는 다소 다르다. 많은 종교적 개념이 그렇듯이 이 단어에는 여러 의미의 층위들이 중첩되어 있어서 그 자체로는 현상의 분석을 위한 도구로 도저히 써먹을 수가 없다. 이럴 경우 정공법은 '미신' 같은 모호한 단어와는 일정한 거리를 두면서 다른 '점잖은' 개념어들을 통해서 사람들이 흔히 '미신'이라고 부르는 대상들을 다시 서술하는 것이다. 그러나 이 책은 '미신'이라는 말을 그대로 둔 채 그것을 조정해 활용하는 전략을 취했다.

저자는 '집합표상'에 대한 뤼시앵 레비브륄의 이해를 참고하면서 일차적으로 '미신'을 다음과 같이 규정한다. "우리는 사회적으로 전승된 기억, 일상적으로 학습된 지식, 사람들 사이에서 전해지는 소문이 사물과 사건에 대한 우리의 감정을 장악하고 있는 상태를 가리켜 미신이라 부른다."(16쪽) 다음으로는 '타부(taboo)' 개념을 통한 설명이 이어진다. 일반적으로 종교는 불안을 지우고 의지할 만한 무언가를 제공해 준다고 믿어진다. 그러나 실제로 종교는 벌을 주는 신, 남을 해치는 저주, 사악한 악마, 복수심 가득한 유령들, 죽음을 더욱 두려운 것으로 만드는 지옥 같은 상상력의 원천이기도 하다. 따라서 "우리는 불안을 창조하는 종교에 대해 주로 미신이라는 용어를 사용한다."(21쪽) 그런가 하면 결론에서는 이런 방식의 묘사도 있다. "우리는 사회적 공감대를 형성하지 못한 허무맹랑하고 황당무계한 믿음, 실리가 없는 유해한 믿음, 몸통은 잘려 나가고 꼬리만 나풀거리는 조각난 믿음을 미신이라 부른다."(530-531쪽)

　　그러나 이들 가운데 어느 것도 '미신'의 엄밀한 정의는 아니다. '미신'에 대한 앞의 서술들은 모두 우리가 '미신'이라고 '부르는' 현상이 무엇인가에 대한 이야기이다. 라틴어 수페르스티티오(superstitio), 그리스어 데이시다이모니아(deisidaimonia) 등 '미신' 개념의 보다 직접적인 어원들에 대한 분석도 무엇이 '미신'이고 아닌지를 확정하는 일에는 별 도움이 되지 않는다. 이 단어들이 가리키는 현상의 범위도 시대에 따라 심하게 요동치고 있었기 때문이다. 사실 이 책은 핵심어인 '미신'을 결코 정의하지 않는다. 책의 궁극적인 입장은 "미신이 역사적으로 형성된 범주라는 것"(530쪽)이기 때문이다. 타자가 '미신'이라 부르는 믿음이 행위자들에게는 너무나 자연스럽고 당연한 경우가 있다. 과거에는 아무 문제 없던 행위가 시대가 바뀌면서 '미신'이라 비난받기도 한다.

## '미신'이라는 말을 처음 듣는 것처럼

이로부터 '미신'이란 무엇인가라는 난해하지만 진부한 물음보다 쓸모 있고 흥미로운 두 가지 주제가 제안된다. 하나는 "미신의 논리"다.(28쪽) 우리는 이른바 '미신'을 믿는 사람들을 이해하기 힘들어한다. 보다 정확히 말하면, 인간은 자신이 이해하지 못하는 믿음이나 행동을 '미신'이라 부르는 경향이 있다. 그러나 그런 현상이 대단히 광범위하게 발견된다면, 거기에는 뭔가 이유가 있을 것이다. 따라서 '미신'이라 불리는 믿음과 실천의 내적 논리 또는 체계를 분석하는 것이 가능할지도 모른다. 다른 하나는 "미신의 정치

학” 또는 “미신의 사회학”이라는 문제다.(28쪽) ‘미신’이라는 비난
은 타자의 믿음과 행동을 비과학적, 반사회적, 비합리적이라고 공
격하는 일이다. 문제를 좀 더 복잡하게 만드는 것은 다른 이들에게
‘미신’이라고 비하되는 실천의 행위자들이 스스로 합리성과 과학
성을 주장하는 경우도 적지 않다는 것이다. 그러므로 과학, 합리 등
과 같이 근대 이후 권력과 권위를 가지게 된 지식 체계들은 ‘미신’
을 둘러싼 사회적 담론 속에서 직접적으로 동원되기도 하고, 기이
한 방식으로 전유되기도 한다. 나는 이 두 가지 목표가 동시에 추
구될 수 있는 성질의 것인지에 대해서는 의문이 있다. 하나의 기획
속에서 다루어지기에 그 두 가지는 너무나 이질적인 질문이기 때
문이다. 그러나 책은 비교적 명료한 방식으로 각각의 물음에 대한
연구 방법을 제시하고 있다.

　　먼저 『미신의 연대기』라는 제목과 직접 관련이 있는 “미신의
사회학”이 어떤 방식으로 구사되고 있는지를 살펴보자. 책의 핵심
적인 자료는 식민지기의 신문 기사들이다. 저자는 “마치 내가 미
신이라는 말을 처음 듣는 것처럼”(531쪽) 이 기사들에서 ‘미신’이
라 비난받고 있는 사례들을 살펴보고 있다. 독특한 점은 그 과정에
서 나타나는 ‘미신’, ‘유사 종교(類似宗敎)’, ‘사교(邪敎)’ 등 당대의 용
어들을 여과 없이 그대로 차용하여 묘사하고 있다는 점이다. 이런
용어들은 설령 자료 속에서는 노출되더라도 일반적인 학문적 서
술 속에서는 민속종교, 신종교 등 비교적 ‘무해’하고 ‘중립적’인
개념으로 ‘번역’되는 것이 보통이다. 그러나 저자는 “학문을 빙
자하여 이해 없는 해석으로 자료와 현상을 난도질하고 싶지 않았
다”(531쪽)는, 연구자의 입장으로서는 대단히 급진적인 태도를 피
력하고 있다.

　　마치 “미신이라는 말을 처음 듣는 것처럼” 의식적으로 의도

된 판단 정지는 이 분야의 가장 악명 높은 사례에 대해서도 적용되었다. 이 책의 의의 가운데 하나는 1930년대 이후 한국 '사이비 종교'의 대표적인 스캔들로 취급되어 온 백백교에 대한 방대한 자료를 집성했다는 것이다. 폐쇄적인 종교 집단 내에서 이루어지는 성적 학대와 대량 살인에 대한 소문은 흔하다. 1937년의 백백교 사건은 그것이 현실로서 드러난 사태였다. 교단에 의해 살해당한 300구 이상의 시신이 발굴되었던 것이다. 백백교의 사례는 20세기의 대중 잡지들에서도, 21세기의 다큐멘터리에서도 '반사회적 종교'가 사회의 주목을 받을 때마다 끊임없이 재소환되었다. 이 책은 적극적인 해석이나 평가를 최대한 배제한 채 백백교 사건을 비롯한 '미신사교' 관련 스캔들에 대한 당시의 보도들을 건조하게 나열한다. 그리고 그 과정에서 '미신사교', '음사사교' 등과 대비되는 '순수종교', '순정종교' 등의 개념들이 등장하는 등, '더러운 종교'와 '깨끗한 종교'의 이분법이 작동하고 있었음을 밝힌다.

이와 같은 접근 방식을 비슷한 시기, 유사한 소재를 다루고 있는 박차민정의 『조선의 퀴어』(2018)와 비교해 볼 수도 있을 것이다. 두 책은 모두 식민지기의 신문 기사를 주된 자료로 삼고 있다. 박차민정이 다루고 있는 '변태성욕', '여장남자', '동성연애' 등도 이창익의 자료인 '미신', '사교', '유사 종교' 등처럼 오늘날 통용되는 학술 용어는 아니지만 식민지 조선의 언론 매체에서는 흔하게 등장하는 개념이다. 그리고 두 책에서 다루어지고 있는 사례들은 모두 이 시기 미디어의 주된 관심사였던 '에로 그로(에로틱, 그로테스크)'의 필수적인 요소들이었다. 『조선의 퀴어』가 다루고 있는 '변태성욕'들은 근대적 주체와 '정상'의 범주가 형성되는 과정을 보여준다. 마찬가지로 『미신의 연대기』는 '미신사교'에 대한 당시의 인식을 가능한 한 날것으로 노출하면서 근대적 종교 개념의 형성 과정이 결코 매끄럽지 않았다는 것을 우회적으로 드러낸다. '미신', '사교'라는 불가해하고 위험한 대상으로 분류된 '종교 비슷한 수상한 무언가'가 사회에서 제거되고서야 오늘날 우리에게 남겨진 '정상'적인 종교가 출현했다는 것이다. 그것은 개인적인 믿음의 자유를 보장받지만, 세속 영역으로 침투하는 일은 제한받는 "정치적으로 안전한 종교"(539쪽)다.

## '미신'의 규칙 찾기

한편 두 번째 주제, 즉 "미신의 논리"를 파악하기 위한 방법은 이와는 조금 다르다. "미신의 사회학"이 '미신' 담론의 계보를 서술하는 것이라면, 이것은 '미신'이라 불리는 현상의 내적 질서와 변형의 규칙을 찾으려는 시도다. 보다 구체적으로는 "미신 자료를 일정한 방식으로 분류하고 비슷한 유형 안에서 작동하는 일정한 변형의 규칙을 찾을 수 있다면, 우리는 단편적인 미신 자료들의 총합이 형성하는 모호한 체계와 구조를 발견할 수 있다"(252쪽)는 것이다. 이런 방식으로 다루어진 소재들은 하나같이 우리의 호기심을 끄는 것들인 동시에, 당시 식민지 당국에 의해서 어리석고 위험한 행위로 취급된 것들이다.

　기우를 목적으로 한 여러 관습이 대표적이다. 가뭄이 들면 식민지 조선인들은 삽을 들고 인근의 명산을 파헤치고는 했다. 이런 사건은 장기적으로, 여러 지역에서 숱하게 일어난 것으로 확인된다. 저자는 이 기이한 풍습에서 다음과 같은 상징 체계를 추론해 낸다. 명당에서 나오는 복은 그 총량이 정해져 있다고 믿어졌으므로, 누군가 신성한 산에 시신을 묻어서 명산의 기를 독점하면 공동체 전체에는 불행이 찾아오게 된다. 이런 체계 속에서 병을 고치거나 부자가 되기 위해서 명당에 몰래 조상의 시신을 묻는 행위, 그리고 공동체의 재앙을 회피하기 위해 집단적으로 암장된 시신을 색출해서 파내어야 한다는 처방이 가능해진다. 물론 암장된 시신을 찾아낸다는 것은 쉬운 일이 아니었다. 실제로는 조금이라도 무덤처럼 보이는 모든 곳을 파내는 형태였을 것이다. 책에는 이런 '표준적'인 모델에서 일정 부분 벗어난 사례도 소개되어 있다. 분노한 마을 사람들이 암장된 것이 아닌, 멀쩡한 문중 묘지를 집단적으로 파헤친 경우가 그렇다.

암장 발굴 외에 여성들이 산 정상에서 집단적으로 방뇨를 하는 형태의 기우제에 대한 해석도 이루어진다. 이것은 통상적인 종교적 분류 체계 속에서는 오염으로 간주되는 물질로 신성한 장소를 더럽힘으로써 초자연적 자정 작용, 즉 비를 부르는 행위라는 것이다. 마찬가지의 방법으로 이 책은 나병 치료를 목적으로 어린이의 성기나 시체를 포함한 인육을 먹는 것, 천연두로 죽은 시신을 나무에 매달아 풍장하는 것, 정신병에 걸린 환자를 복숭아나무로 구타하는 것, 눈병이 생겼을 때 물고기 그림 부적을 쓰는 것 등에 대한 설명을 시도한다.

이것은 분명 호기심을 자극하는 작업이지만, 이 대목은 연구자들에게도 교양 독자들에게도 결코 읽기 편한 글이 아니다. 지면의 대부분은 이와 같은 기괴한 사건들을 보도하는 당시의 신문 기사들을 건조하게 나열하는 형식으로 구성되어 있다. 그것만으로도 충분히 외설적이고, 충격적이고, 역겹고, 잔혹한 기록들이 넘친다. 그런 문헌들의 역사적 사실 관계를 밝히거나 서사적 구조를 분석하는 등의 방향으로 점잔을 빼지 않는다는 것이 이 책의 미덕이자 고약한 점이다. 아마도 나는 같은 소재를 다루더라도 이런 방식의 글을 쓰지는 못할 것이다.

그러나 기괴한 것을 기괴한 그대로 둔 채 다루려는 시도는 그 자체로 너무나도 자극적이다. 종종 나는 종교학이란 잘 훈련된 방식으로 이루어지는 호사가의 학문이라고 생각하고는 한다. 종교 현상이란 그 믿음의 세계 바깥에 있는 사람들에게는 비합리적이고 무의미하며 때로는 혐오스럽기까지 한 사고와 실천으로 경험된다. 그것은 '종교'의 범주에 포함되어 정상성의 영역 안에 있는 것으로 믿어지는 현상에 대해서도, 거기에서 일탈했다고 여겨져 '미신'의 범주로 분류되는 현상에 대해서도 마찬가지다.

그러나 인문사회과학이 인간에 대한 이해를 심화시키는 학문이라고 한다면, 낯설고 기이하게 여겨지는 인간 문화야말로 그 첨단에 있는 연구 대상이다. 우리는 타자의 불가해한 믿음을 이해하는 과정에서, 동시에 자신의 일상적 인식 체계 또한 역사적으로 구성된 범주들의 덩어리라는 것을 성찰하게 된다. 인간의 기괴한 믿음이란 그런 의미에서 대단히 매혹적인 지적 대상이다. 서리북

한승훈
한국학중앙연구원 한국학대학원에서 종교학을 가르치고 있다. 저서로 『왕의 수명을 줄여라』(공저), 『무당과 유생의 대결』, 『혁명을 기도하라』 등이 있다.

📖 근대라는 말을 오늘날 우리의 삶을 구성하는 구조들이
시작된 시기라고 이해한다면, 한국의 근대 종교는 19세기
말에서 20세기 초에 출현했다. 종교라는 범주, 종교와
세속의 구분, '세속-종교-미신'의 삼분법과 같은 '개념의
지도'들이 어떻게 형성되었는지를 다룬다.

"이렇듯 백백교는 근대적 합리성의 경계 너머에 있는 끔찍함
그 자체, 과학적 합리성이 뒤집혀서 전도됐을 때의 공포,
그 잔인한 혼란을 보여 준다. (……) 그래서 두려움을 주고
지독한 혐오감을 자아내지만, 체제 유지에 필수적인 역할을
한다."—책 속에서

『한국 근대종교란 무엇인가?』
장석만 지음
모시는사람들, 2017

📖 식민지 근대 언론이 상업적 오락 소재로서 '에로 그로'를
다룬 방식은 종교에 대해서도 적용되었다. 따라서 이 책에서
주목하는 '비정상적 성'은 『미신의 연대기』에서 논의되는
주제와 좋은 비교 대상이다.

"기괴하고 낯선 존재들을 소비하고 그로부터 쾌락을 얻는
과정은 성적·인종적·계급적 위계들을 오락으로 만듦으로써
지배 질서를 재생산하고 강화하는 데 긴밀하게 연루되어
있었다."—책 속에서

『조선의 퀴어』
박차민정 지음
현실문화, 2018

WHY PEOPLE BELIEVE WEIRD THINGS

# 왜 사람들은 이상한 것을 믿는가

## MICHAEL **SHERMER**

뉴에이지 과학, 지적 설계론, 미신과 심령술……
**우리 시대의 사이비 과학을 비판한다**

마이클 셔머 지음 | 류운 옮김

바다출판사

『왜 사람들은 이상한 것을 믿는가』
마이클 셔머 지음, 류운 옮김
바다출판사, 2007

# 패턴의 자동 완성이 주는 편안함과 쏠림

## 권석준

### 인간에게는 왜 패턴 완성 기능이 장착되었는가?

펠릭스 멘델스존의 유명한 서곡 〈핑갈의 동굴(Fingal's Cave)〉은 스코틀랜드 북서부 연안의 스태파섬에 있는 특이한 지형에서 영감을 받아 만들어졌다. 핑갈의 동굴은 입구부터 안쪽까지 규칙적인 육각기둥 형태의 현무암 주상절리로 가득해, 방문자에게 강렬한 인상을 준다. 이는 고대인들에게도 마찬가지여서, 북유럽 원주민들은 이 동굴을 전설 속의 거인족이 만들었다고 믿었다. 주상절리로 가득한 내부뿐만 아니라, 거친 파도가 동굴 안에서 만들어 내는 기묘한 잔향들은 시청각적으로 사람들을 매료한다. 이런 동굴이라면 자연적으로 형성된 것이 아닌, 초자연적인 무엇인가가 만든 것이라 믿고 싶어졌을 것이다. 그리고 그 믿음은 한 사람에서 그치는 것이 아니라 여러 사람에게 세대를 거듭하며 영감을 주었을 것이다.

인간의 지능을 정의할 때 기본적으로 빠지지 않는 것 중 하나는 패턴의 완성이다. 예를 들어 구름의 모양은 시시각각 변하는데, 그 속에서 사람들은 때로는 강아지를, 때로는 공룡을 자연스럽게

스코틀랜드 북서쪽 연안의 스태파섬에 자리한 핑갈의 동굴.(출처: 위키피디아)

떠올린다. 밤하늘의 별들도 제각각 별자리 이름을 가지며, 온갖 기암괴석에도 사물이나 사람의 이름이 붙고 의미가 부여된다. 패턴 완성이 지능의 일부로 발전되어 온 것은 제한된 정보에서 최대한 예측 가능한 정보를 추출하는 것이 생존에 유리함을 체득했기 때문일 것이다. 문제는 패턴 완성이 때로는 무의미하거나 엉뚱한 자동 완성으로 흐를 수 있다는 것이다. 예를 들어, 구름의 형태는 수학적으로는 전형적인 프랙털 패턴(fractal pattern)이며 그 안에는 온갖 형태가 구성될 수 있다. 별자리의 별은 사실 지구와의 거리가 제각각이며 서로 상관없는 경우가 대다수다. 기암괴석은 화성에서도 찾을 수 있는데, 1970년대 미국의 화성 탐사선 바이킹호가 찍은 저해상도 사진에서 사람들은 화성의 고대 문명 흔적을 찾았다며 법석을 떨기도 했다. 그렇지만 2000년대 고해상도 이미지에서는 아주 오래

전 화성 표면에 있었던 풍화 작용의 결과물만 관찰되었을 뿐이다.

패턴의 엉뚱한 자동 완성은 간혹 비과학적 결론으로 이어진다. 예를 들어, 겨우 네 개의 유형으로 성격을 나눌 수 있다는 것 자체가 기본적으로 어불성설임에도, 혈액형 성격론은 단순한 구분이 주는 편의성, 즉 패턴 자동 완성의 편리함으로 인해 꽤 오래 한국 사회에 만연했다. 지금은 그 자리를 MBTI 검사가 차지하고 있는데, 이 역시 확장된 혈액형 성격론에 불과하다. 그러나 학자들마저도 이러한 분류법에 종종 빠진다. 패턴의 엉뚱한 자동 완성은 비어 있는 부분에 대해서도 적용된다. 예를 들어, 혈액형이나 MBTI 검사로 성격을 분류하는 사람은, 그것을 이용하여 자신만의 '딥러닝'을 돌려 나머지 정보도 쉽게 재단하려고 한다. 상대방이 그런 추론을 받아들이지 않아도, 이미 MBTI에 빠진 사람은 믿음이 주는 양의 되먹임 구조가 확고해져서 완성된 패턴을 쉽게 버리지 못한다. 이러한 패턴 완성 본능은 정보가 불확실한 영역에서는 안정감을 주는 동시에, 선입견과 편견, 나아가 맹신으로의 쏠림도 자아낸다. 불확실한 정보를 메꾸기 위해 연구를 하거나 객관적인 자료를 찾으려 하는 것이 아니라, 믿음을 기반 삼아 자신이 원하는 패턴에 따라 빈 부분을 메꾼다. 이것은 개인의 차원을 넘어 집단에서는 더욱 강력해진다. 여러 명이 같은 패턴 완성 경향을 가지고 있으면 그것은 다수의 효과에 의해 더욱 단단해진다. 이때부터 개인의 믿음은 집단의 광신으로 상전이*가 일어난다.

현대의 인공지능 연구에서 인간을 가장 흉내 내고 싶어 하는 분야가 있다면, 그것은 패턴의 인식과 완성일 것이다. 그렇지만 인

---

* 물질의 화학적, 물리적 특성이 바뀌는 현상. 대표적으로 상압에서 액체 상태의 물이 섭씨 100도가 되었을 때 수증기로 바뀌는 현상이 있다.

공지능 알고리즘에는 믿음이 끼어들 여지가 적다. 왜냐하면 기본적으로 인공지능 알고리즘은 사칙연산과 미적분학으로 구성된 단순한 연산으로 찾은 회귀 분석에 가깝기 때문이다. 사람이 점 세 개를 보면 직선으로 잇고 싶어 하듯, 딥러닝에서는 전혀 직선으로 이어질 것 같지 않은 수많은 점들을 비선형 함수로 잇는 방법을 찾는다. 결측 데이터*가 있다면 베이지안 추론** 등으로 메꾸려 하지, 믿음에 의해 가중치가 쏠린 합성 데이터를 활용하지는 않는다. 그랬다가는 알고리즘의 설명 능력, 즉 패턴의 인식과 추론 능력이 퇴화할 것이기 때문이다.

## 패턴 완성이 잘못된 믿음과 광신으로 이어지는 과정

서평의 대상인 『왜 사람들은 이상한 것을 믿는가』에 대해 이렇게 긴 서론을 쓴 까닭은, 결국 이 책을 관통하는 주제가 사람들의 패턴 인식, 그리고 그것의 왜곡으로 인해 엉뚱한 믿음과 집단적 광신으로 이어지는 패턴 완성의 메커니즘이기 때문이다. 저자 마이클 셔머는 사이비 과학, 사이비 역사학, 사이언톨로지,*** 창조론자들에게는 리처드 도킨스와 더불어 주요 공공의 적 중 한 사람이다. 그가 설립한 회의주의 학회, 그리고 학회에서 발간하는 잡지《스켑틱(Skeptic)》은 유사 과학자들에게는 늘 공격 대상이며, 한국의 일부 종교 단체에게는 이적서처럼 취급된다. 저자는 제도권에서 교육받은 과학자가 아님에도 누구보다도 정상 과학과 유사 과학을

---

\* 데이터 수집 과정에서 제대로 수집되지 못하여 누락된 데이터.
\*\* 통계적 추론에서 활용되는 방법 중 하나로서, 추론하고자 하는 사건의 사전 발생 확률과 주변 정보를 조합하여 그 사건의 사후 확률을 추론한다.
\*\*\* 라파예트 허버드가 1954년에 창시한 사이비 종교 및 조직. 여러 종교나 SF 장치를 차용하여 뒤섞은 교리로 구성되며, 초자연적인 현상이나 외계인의 존재를 믿고, 외계의 주체에 기대어 영혼의 정화를 위한 수행을 한다.

마이클 셔머와 《스켑틱》.(출처: *Orange County Resister*)

잘 구분할 줄 안다. 오히려 그에게는 제도권 바깥에서 과학을 바라
볼 기회가 생겼을 것이다. 이를 통해 그는 과학주의에 경도되지 않
으면서도 과학자들이 이룩한 지적인 진보를 보호하고자 하는 목
적을 가지게 되었을 것으로 추정할 수 있다. 즉, 과학의 진보를 공
격하는 맹신과 편견에 대항하게 된 것은 그에게 있어 숙명이자 자
신만의 회의주의적 시각을 확고히 하는 계기가 되었을 것이다.

　　저자는 기본적으로 과학적 회의주의에 기반하여, 가능한 모
든 것을 의심한다. 그런데 이는 사실 제도권에서 교육받은 과학자
들에게는 습관 같은 것이다. 나도 과학자 커리어에 진입할 때 은사
들로부터 배운 것 중 하나가 모든 과학 논문을 처음부터 믿지 말라

는 것이었다. 심지어 지도교수의 박사학위 논문조차도 의심부터 하라고 배운다. 이는 동료들의 인격을 의심하라는 뜻이 아니다. 인격은 존중하지만, 그의 연구 성과가 100퍼센트 옳다고 함부로 단정 짓지 말고, 그것이 제3자에 의해 반복적으로 재현되고 연구 방법론의 논리적 정합성이 하나하나 점검된 후에 판단하라는 것이다. 이러한 과정은 과학자와 과학을 분리해서 생각해야 하는 이유가 되기도 한다. 과학자는 과학이라는 인간의 문명 활동에 종사하는 사람일 뿐이지만, 그들이 만들어 내는 거대한 탑은 빈 공간이 커지는 순간 금방 무너질 수 있기 때문이다. 그래서 과학의 진보 속도는 때로는 빠른 것 같으면서도 사실 느리다고 볼 수 있다.

　　저자가 빈번히 지적한 대로, 유사 과학의 공통적인 문제점은 바로 이러한 회의주의를 배격한다는 것이다. 유사 과학 신봉자들은 의심이 곧 사람에 대한 인격적 공격이라고 받아들이며, 자신들의 주장에 대해 던지는 질문은 학문에 대한 경시라고 받아들인다. 그렇지만 제도권에서 훈련받은 과학자들은 동료일지라도 끊임없이 서로를 의심하면서 동료의 논문에 혹독한 심사평을 날리고, 동료의 논문을 학술지에 게재하는 것을 거부하기도 한다. 이는 과학자들끼리 서로 싫어해서가 아니라, 과학의 진보가 그만큼 엄중함을 당연하게 생각해 왔기 때문이다. 그러나 유사 과학 종사자들은 자신들의 과학이 부당하게 제도권의 핍박을 받는다고 생각한다. 실제로 대부분의 유사 과학 신봉자들은 전형적인 사기꾼과는 거리가 멀다. 대부분 진지하게 자신의 학설을 설파하려 하며, 소통에도 애쓴다. 문제는 그러한 소통이 제대로 된 과학적 토론의 장으로 올라오면 합리적인 결론으로 이어지지 않는다는 것이다. 이는 유사 과학이 사실 과학이 아니라 믿음의 영역, 즉 영원히 만날 수 없는 평행선상에 놓여 있기 때문이다.

## 과학 자체의 한계는 없는가?

('정상적'으로 보이는) 사람들이 이상한 것을 믿는 이유에 대해, 저자는 여러 원인을 분석한다. 여기서 한 가지 잘 짚고 넘어가야 하는 것은, 저자가 지적한 대로, 그 이유에는 과학 자체의 한계도 포함되어 있다는 점이다. 이는 이론이나 해석의 한계, 관찰자 효과,* 측정 장비나 증거의 한계 등이 포함된다. 즉, 과학에 기반하여 이상한 것을 믿는 것을 의심하거나 공격하는 것이 가능하지만, 과학은 그 자체로 완성된 것이 아니다. 과학은 계속 진보하고 있는 현재진행형의 사고방식과 지적 사고 체계에 불과하므로, 당연히 내재적 한계가 있고 그로 인한 왜곡도 늘 있을 수 있음을 인지해야 한다.

　예를 들어 대표적인 것이 양자역학에서 유명한 입자-파동 이중성이다. 이중 슬릿 실험에서 좁은 슬릿 두 개를 통과하는 전자들은 관찰당하는 순간 입자처럼 행동하여 슬릿이 있던 위치(즉, 슬릿을 통과한 위치)에만 흔적을 남긴다. 그런데 관찰하지 않으면 마치 파동처럼 행동하여 파동의 간섭무늬를 만들어 낸다. 이는 여전히 확실한 이론으로 설명할 수 없는 상황이지만, 주도적인 해석으로 작동하고 있는 것은 이른바 코펜하겐 해석이다. 즉, 전자는 관찰하기 전에는 입자 혹은 파동의 상태로 존재할 수 있는 확률이 중첩되어 있고, 관찰 후에는 둘 중 한 상태의 확률이 붕괴되어 나머지 한 상태로 확정된다는 해석이 바로 그것이다. 그렇지만 이러한 해석은 그 안에서도 여전히 정리되지 않은 수많은 다양한 해석들로 가지를 쳐 나가고 있다. 애초에 양자역학에서 가장 핵심적인 역할을 하는 파동함수의 물리적 의미에 대한 해석도 조금씩 다르다. 인간이 현재 가지고 있는 가장 강력한 입자물리학 이론은 이른바 표준 모

---

* 외부의 관찰이라는 행위가 관찰 대상인 양자역학적 상태 자체에 영향을 미치는 효과.

형이지만, 그간의 끊임없는 개선 노력에도 여전히 일반 상대성 이론과 양자역학의 완전한 통일, 즉 중력과 자연에 존재하는 나머지 세 개의 힘(전자기력, 약력, 강력) 사이의 관계를 규명하지 못하고 있다.

인간이 이룩한 과학의 지식 체계와 사고방식은 위대하지만, 여전히 현재진행형이라고 한 까닭도 여기에 있다. 완성 이전의 이론은 당연히 한계가 있고, 완성된 것처럼 보이는 이론마저도 언제든 더 정확하고 새롭고 확장된 이론으로 대체될 가능성이 있다. 따라서 과학의 지식 체계에는 빈 공간이 늘 있게 마련이다. 유사 과학은 이 지점을 노린다. 한국에서 유달리 인기가 좋은, 그러나 식약처에서 검증받은 바 없는, 건강보조제 혹은 치료기에는 '파동 치료' 등의 수식어가 종종 붙는다. 파동 하면 진동을 떠올리고, 한편으로 과학을 조금 아는 사람들은 양자역학을 떠올리는데, 어떤 것을 노렸든, 파동이라는 수식어가 주는 영향력은 상당하다. 이는 근원을 따져 올라간다면 표준 모형이 아직 덜 완성된 이론이기 때문이고, 여전히 파동으로 해석하는 양자물리학에 대해 우리가 알고 있는 부분에 많은 구멍이 있기 때문이다.

이론의 한계 외에도, 해석과 관찰의 한계는 더욱 큰 허점이다. 관찰의 한계는 곧 관찰 장비의 한계를 의미한다. 예를 들어 불과 40여 년 전인 1980년대 당시의 최신 기술 수준으로 누군가가 알베르트 아인슈타인의 일반 상대성 이론에서 예측된 중력파를 관측했다고 주장했다면 사람들은 그 주장을 유사 과학으로 취급했을 것이다. 그렇지만 2015년, 미국의 레이저간섭계중력파연구소(Laser Interferometer Gravitational-Wave Observatory, LIGO)가 중력파 최초 검출에 성공한 이후, 지금까지 무려 100여 차례 넘게 블랙홀 같은 거대 천체의 충돌로 인한 중력파가 생성됐음을 이제는 사실로 받아들인다. 1980년대와 2015년 이후의 차이점은 바로 정밀한 관측기에 들어간 간섭계 기술과 엄청난 용량의 관측 데이터 해석 알고리즘이 비약적으로 발전했다는 것이다. 이러한 진보가 있었기 때문에 중력파는 이제 이론적 대상에서 실재하는 대상으로 그 존재가 확증되었다.

　사람들이 이상한 것을 믿는 원인에 대해 저자가 제시하는 여러 요소 중에는 '증명의 부담', '우연의 일치', '사후 추론' 같은 요소들도 있다. 특히 우연의 일치나 사후 추론 등은 확률론에 대한 몰이해에 기인하는 경우도 있다. 예를 들어 2할 5푼을 치는 타자가 어떤 게임에서 총 네 번의 타석이 주어졌고, 첫 세 번의 타석에서 안타를 못 쳤다면, 마지막 타석에서 안타를 칠 확률은 얼마인가에 대해 사람들의 의견이 갈리는 것이 바로 그러한 사례다. 어떤 사람은 네 번 중에 한 번은 치는 타자이니, 마지막 타석에서 안타 칠 확률은 100퍼센트라고 당당하게 주장한다. 그렇지만 이는 확률을 잘못 해석하고, 믿음의 영역으로 가져온 주장이다. 저자가 제시하는 '잘못된 유비' 역시 사람들이 이상한 것을 쉽게 믿게 되는 주된 장치로 작동하는데, 이것도 원류를 거슬러 올라가면 사람들의 자동 패턴 완성과 그것의 편리성에 경도된 믿음 생성 사례에 해당한다.

　과학자들도 잘못된 비유를 연구나 교육에서 자주 활용한다. 예를 들어 어떤 항공공학자가 비행기 설계는 새의 형상을 모방한 것이라고 한 경우가 있는데, 이는 잘못된 비유다. 비행기가 뜨는 원리는 철저하게 유체역학과 항공공학 이론에 입각한 것이고, 그나마도 유체역학에서 유명한 베르누이 방정식(Bernoulli's equation)과는 더더욱 상관이 없다. (참고로 비행기 날개의 양력 설명은 현재 쿠타-주코프스키 이론을 따른다.) 양자역학에서도 스핀(spin)의 원리를 설명할 때 지구의 자전 방향에 자주 빗대는데, 이는 스핀의 본래 특성이 회전과는 아

무런 상관이 없다는 것을 생각하면 좋지 않은 유비다. 문제는 이러
한 유비가 과학 내에서의 설명이나 교육의 한계를 넘어, 과학 바깥
으로 넘어가서 유사 과학의 근거로 악용된다는 것이다. 그 대표적
인 사례가 양자역학이다. 양자역학은 앞서 언급한 파동 에너지를
비롯하여, 슈뢰딩거의 고양이나 양자중첩 등의 개념들이 엄밀한
개념의 한계와 수학적 설명 기능이 무시된 채, 그저 흥미로운 유비
가 되어 전혀 맥락이 다른 주장에 동원되고는 한다. 이것이 심각한
까닭은 저자가 설명한 대로, 그 비유가 과학에서 비롯된 것이기 때
문에 이를 왜곡하여 믿음의 근거로 활용하려는 이들에게 권위를
부여한다는 것이다.

## 창조설과 사이비 역사의 생명력이 끈질긴 이유

저자가 책에서 세 장이나 할애하며 비판하는 대상인 창조설도 마
찬가지다. 창조설을 창조 '과학'으로 격상시키려는 사람들은 창조
설을 가설을 넘어 이론의 영역으로 가져오기 위해 많은 무리수를
던지는데, 그것은 다름 아닌 제도권 과학의 연구 결과를 왜곡하거
나 체리피킹(cherry picking, 유리한 것만 취사선택하여 자신의 주장이나 가설을 강
화하려는 행위)하는 것이다. 예를 들어 하버드의 고생물학자 스티븐
제이 굴드가 불연속적 진화 이론을 발표한 후, 창조설을 지지하는
사람들은 그의 이론이 이른바 미싱 링크(missing link)설을 지지하는
것이니 진화론은 말이 안 된다고 왜곡하며 그의 이론을 창조설의
근거로 견강부회했다. 그러나 이는 전형적인 제도권 과학 연구를
체리피킹하여 왜곡한 결과물일 뿐이다. 사람들이 창조설을 믿는
것은 자유이나, 그것에 무리한 과학적 근거를 붙이며 제도권 과학
으로 가져오려고 하는 경우는 위험하다. 게다가 그 근거마저도 아
주 오래전에 폐기된 과학의 가설이나 이론, 혹은 논박되어 퇴출된

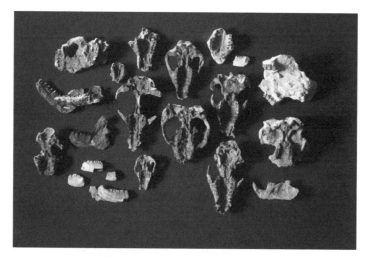

미싱 링크는 생물이 진화할 때의 중간 과정이나 과도기적 모습을 보여 주는 중간 화석의 부재를
의미한다.(출처: HHMI Tangled Bank Studios)

데이터나 연구 논문, 재현되지 않는 보고 등이라면 이는 믿음을 광
신으로 바꾸는 촉매가 된다. 저자는 친절하게도 창조론자들이 시
도하는 다양한 설명 혹은 제도권 과학에 대한 의심을 파훼할 다양
한 논리를 책에서 제시하는데, 이는 특정 종교에 기반한 창조설만
목표로 삼기보다는, 제도권 과학의 근거를 견강부회하여 해석하
려는 거의 모든 시도를 향한 것이기도 하다.

　이 책에서 주로 다루는 것은 사람들이 믿는 이상한 것 중, 유
사 과학의 경로로 빠진 것들이지만, 책의 후반부에는 그 카테고리
에 사이비 역사도 포함된다. 사실 사이비 역사 문제는 유사 과학보
다 다루기가 더 까다롭다. 그나마 자연과학은 객관적인 자료를 확
보하기 위한 실험이나 컴퓨터 시뮬레이션이 가능하지만, 역사학
은 오로지 과거의 기록에만 의존해야 하고, 자연과학 연구에서처
럼 새로운 현상을 찾거나 시스템을 개발하면서 데이터를 얻을 수

있는 방법이 거의 없다. 물론 과거의 기록이 새롭게 발굴되고, 그래서 기존의 역사학의 가정이 업데이트되는 연구는 지금도 가능하지만, 그렇게 발굴되거나 발견되는 것도 과거에 있었던 사건의 일부에서 비롯된 것이라는 사실에는 변함이 없다. 그래서 이미 기존에 있는 자료에 대한 해석, 그리고 새롭게 발굴/발견된 사료와의 비교가 학문의 주된 축을 이룬다. 그리고 그것이 '정상적' 학문인지를 판단하는 기준은 자료의 교차 검증과 개연성, 해석이 갖는 논리적 정합성이다.

흥미롭게도 이러한 학문적 방법론을 활용하여 제도권 사학과 사이비 역사학이 격돌하는 무대는 자료가 희귀해지는 고대 역사에만 국한되지 않는다. 책에서 주로 소개하는 사례는 홀로코스트 부정론인데, 홀로코스트가 역사적으로 겨우 80년 정도밖에 되지 않은 비교적 최근의 일임을 상기하면, 이러한 부정론은 쉽게 납득되지 않는다. 홀로코스트 부정론자들의 전략은 다양하지만 결국 그 방향은 한곳으로 향한다. 그것은 바로 제도권 역사의 철저한 연구 결과와 근거를 무시하고, 홀로코스트가 아예 없었거나 혹은 과대망상이라고 주장하는 것이다. 여기서 주목할 부분은 그들이 이러한 결론에 이르기 위해 하는 작업들이다. 즉, 제도권의 축적된 연구 근거를 받아들이지 않고 자신들의 주장만 내세우는 것인데, 이러한 확증 편향은 대개 학문의 자유 같은 권리를 내세우며 소수자로서 자신들의 주장이 핍박받지 않고 공개될 수 있어야 한다는 식으로 이어진다. 즉, 기존 제도권 학술 범위를 벗어나, 사안을 믿음과 감정의 영역으로 끌고 들어오는 셈이다. 그렇지만 제도권에서는 역사학계의 철저한 논박은 물론, 법적으로도 이러한 주장을 하는 것 자체가 엄격히 금지된다. 실제로 독일, 오스트리아, 호주 등에서는 홀로코스트 부정론이 범죄로 간주되어 형사 처벌을 받는다.

사이비 역사 문제는 홀로코스트 부정론에만 국한되지 않는다. 한국에서 사이비 역사는 주로 고대사에 치중되어 있는데, 이는 자료의 부족에서 오는 허점을 노리기 때문이다. 예를 들어 가장 유명한 사례로 『환단고기』가 있는데, 애초에 이 책은 출처가 확실한 고서도 아니고 1970년대, 혹은 20세기 초에 개인이 펴낸 한반도 상고사에 대한 근거 없는 주장으로 점철된 위서일 뿐이다. 이 책이 1980년대 이후 지금까지 여전히 한국의 사이비 역사 신봉자들에게 영향을 미치고 있는 이유는 『환단고기』가 다루는 단군조선 시기 자료가 매우 희귀하고, 그나마도 중국 역사서에 기반한다는 사실 때문이다. 이를 보강할 한국 고유의 사료가 있다면 당연히 한국에서는 환영받을 텐데, 『환단고기』가 노린 것은 바로 이러한 사료가 있음을, 그리고 그를 통해 한국 고대사를 새롭게 구성할 수 있음을 믿고 싶어 하는 사람들의 마음이었다. 사이비 역사학을 받아들이는 것은 결국 어떤 동기에서든 비어 있는 역사의 일부를 가공해 주는 자료에 자신의 믿음을 부여함으로써 패턴을 자동 완성하는 쏠림에 의한 것임을 재확인할 수 있다.

## 회의주의라는 지성의 마지막 불꽃

사람의 지능을 구성하는 패턴의 자동 완성 기능이 남아 있는 한, 사람들은 앞으로도 계속 이상한 것을 믿을 것이다. 인공지능이 만들어 내는 이미지나 신호 속에서 신의 형상을 봤다고 주장하는 사람들이 나올 것이고, 어떤 사람들은 사람보다 인공지능을 더 신봉한 나머지 인공 일반 지능(Artificial General Intelligence, AGI)을 신으로 모시는 종교에 빠져들 수도 있을 것이다. 현재진행형인 과학의 허점을 노려 사람들의 불안 심리를 노리는 시도는 계속될 것이고, 사이비 역사학은 이른바 왜곡된 국뽕의 수요를 계속 채워 줄 것이다.

MBTI의 유행이 끝나면 이를 대체할 또 다른 편리하면서 흥미를 끄는 비과학적 성격 분류법이 등장할 것이고, 여전히 사람들은 기초 과학의 분투에서 얻은 작은 연구 성과보다 그것을 침소봉대하여 사업에 가져다 쓰는 광고 문구에 더 현혹될 것이다.

그럼에도 인류가 존속하는 한 앞으로도 과학은 계속 발전할 것이고, 우리가 이해할 수 있는 자연의 범위는 더 넓어질 것이며, 그 안에는 우리 자신이 포함될 것이므로, 이상한 것을 믿는 것의 여파가 사회에 주는 영향력은 점차 축소될지도 모른다. 그러나 여기에는 한 가지 전제 조건이 따른다. 그것은 사람들이 이상한 것보다 과학적 사고방식과 회의주의를 더 먼저 생각할 수 있는 지성의 불꽃이 꺼지지 않아야 한다는 것이다. **서리북**

권석준
본지 편집위원. 성균관대학교 화학공학부/고분자공학부 및 반도체융합공학과 교수로 재직 중이며, 주로 계산과학과 물리학에 입각한 반도체 소자, 소재, 공정에 대한 연구를 하고 있다. 대표 저서로 『반도체 삼국지』가 있다.

📖 이 책은 『코스모스』로 유명한 미국의 천문학자이자 대중
과학 저술가인 칼 세이건의 마지막 책이기도 하다. 평생
과학적 합리주의와 대중에 대한 과학 지식 보급에 힘썼던
그가 마지막으로 남기고 싶었던 이야기는, 결국 인류가
만든 문명을 지키기 위해서는 정신과 자연에 경이를 느낄 줄
아는 감성과 끊임없는 의심에 기반한 과학의 본질에 대한
이해가 필요하다는 것이다. 유사 과학과 미신, 반지성주의와
사이비들이 횡행하는 세상 속에서, 왜 과학, 특히 과학적
회의주의와 합리주의가 우리에게 다시 필요한지에 대해,
마이클 셔머의 책과 더불어 다시금 깨달음을 줄 것이다.

『악령이 출몰하는 세상』
칼 세이건 지음
이상헌 옮김
사이언스북스, 2022

"과학자들도 실수를 저지른다. 따라서 인간으로서의 약점을
인식하고 최대한 폭넓게 여러 의견을 들으며 무자비할
정도로 자기비판을 하는 것이 바로 과학자의 임무이다.
과학은 자기 오류 수정 기능을 가진 집단적 작업인 것이다.
이 기능은 상당히 잘 작동하고 있다. 이것이 역사학에 비해
과학이 압도적으로 유리한 점이다. 왜냐하면 과학은 실험을
할 수 있기 때문이다."—책 속에서

---

📖 과학적 회의론의 전도사 격인 마이클 셔머는 이번에 새로
출판된 책을 통해 음모론의 본질이 무엇이고, 음모론에 빠진
사람들과의 대화를 포기하지 않는 방법에 대해 서술한다.
음모론자들을 인지 부조화와 확증 편향에 빠진 이들이라
치부하기 전에, 음모론의 본질을 제대로 이해하고 그들이
정말 원하는 것이 무엇인지 파악하는 것이 필요하다.
이 책은 그러한 접근이 취해야 할 방법론을 알려 주고 있다.

『음모론이란 무엇인가』
마이클 셔머 지음
이병철 옮김
바다출판사, 2024

"과학혁명 이후 수 세기에 걸쳐 종교적 독단주의, 권위,
초자연주의가 점진적이지만 체계적으로 과학적 자연주의로
대체되면서—특히 인간 세계를 설명하는 데 그것이
적용되면서—계몽주의적 인본주의가 널리 채택되기
시작했다. 그것은 과학과 이성에 최고의 가치를 부여하고,
초자연적인 것을 완전히 배제하며, 입자에서 사람에
이르기까지 우주와 그 안의 모든 것을 완전히 이해하기
위해—인간의 근본적인 특성, 우리와 우리 사회를 지배하는
법칙과 힘을 포함한—자연과 자연의 법칙에만 의존하는
범세계적 세계관이다."—책 속에서

『무당, 여성, 신령들』
로렐 켄달 지음, 김성례·김동규 옮김
일조각, 2016

『한국 무교의 문화인류학』
김성례 지음
소나무, 2018

# 여성 인류학자들이 만난 무속의 현장들

오성희

## 인류학적 무속 연구를 만나다

영화 〈파묘〉가 천만 관객을 돌파했다. 이 영화는 개봉 전부터 한국의 MZ세대 무당을 그려 냈다는 점을 부각하며 대중의 호기심을 자극했다. 영화를 본 사람들은 컨버스 신발을 신고 굿을 하는 젊은 무당의 이미지가 신선하다고 이야기한다. 이러한 반응은 무릇 무당이 우리가 사는 동시대와는 거리가 있다는 생각에서 비롯된 것은 아닐까? 인류학 전공자인 내가 만나는 한국 무속의 현장들은 여전히 우리 시대의 많은 사람들의 삶과 연결되어 있다. MZ세대 무당(내가 만난 무당은 굿판에서 크록스 신발을 신는다)은 물론이거니와, 미래가 불안한 젊은이들이 무당을 찾는 경우도 자주 목격한다. 그럼에도 불구하고 무속을 '전통'이라는 틀 안에 가두며 동시대의 삶과 분리하는 경향에는 그동안 무속에 대한 연구가 생생한 현장을 담아 내지 못한 탓도 있다. 한국 무속 연구는 한말에 시작하여 100여 년의 역사를 지니는데, 그 연구 분야는 대부분 무당·신화·무가에 치우쳐 있으며 맥락과 상관없이 고정된 형태로 굿을 기술해 온 한계를 지닌다. 마치 사람들의 삶에서 무속을 떼어 놓는 꼴이 되어 버렸다.

반면, 1970년대와 1980년대에 무속과 얽혀 있는 삶의 현장에서 인류학적 연구를 수행한 두 명의 여성 학자가 있다. 바로 로렐 켄달(Laurel Kendall)과 김성례인데, 이들은 박사 논문을 위한 현지조사로 각각 경기 북부와 제주도의 무속 현장에 뛰어들었다. 먼저 켄달의 『무당, 여성, 신령들』은 저자의 박사 논문을 단행본으로 출판한 것으로, 경기 북부의 영송리(가명)라는 작은 마을에서 무속이 실천되는 모습을 그려 냈다. 이 책은 미국에서 1985년에 출판되었지만, 그로부터 30여 년이 지난 2016년이 돼서야 한국에서 번역본이 출판되었다. 30년의 시차에도 불구하고 이 책이 여전히 의미를 갖는 이유는 사람들의 삶 속에 살아 있는 한국 무속의 현장을 그려낸 민족지*가 거의 부재하기 때문이다.

이 책이 미국에서 출판될 당시는 한국어판 번역자 중 한 명인 김성례가 박사 논문을 준비하고 있던 때였다.(『무당, 여성, 신령들』, 311쪽) 켄달의 민족지적 방법론을 적용한 무속 연구는 김성례에게도 많은 참고가 된 것으로 보인다. 김성례는 박사 논문에서 4·3 사건의 경험과 기억이 어떻게 제주도의 굿에서 재현되고 전승되는지를 그려 냈다. 애초에 병을 치유하는 치병굿을 연구하고자 섬을 찾았지만, 오랜 시간 현지조사를 통해 제주 사람들의 정신적·육체적 아픔을 비롯한 불상사의 원인이 4·3 희생자들의 원한과 관련이 있음을 발견한다.(『한국 무교의 문화인류학』, 169쪽) 『한국 무교의 문화인류학』에서는 그 내용의 일부를 소개한다.

켄달과 김성례의 작업에서 인류학적 무속 연구가 가능했던 것은 어쩌면 연구자들 자신이 여성이었기 때문이다. 남성 무당이

---

* 민족지(ethnography)란 인류학자가 현지조사를 통해 연구 대상 집단의 삶과 문화에 깊이 참여하여 한 사회의 삶의 양식 및 문화를 체계적으로 기록하는 연구 방식과 그 결과물을 일컫는다. 문화기술지 또는 에스노그라피라고도 명명한다.

존재하기는 하지만 극히 소수이며 대부분 무속의 실천은 여성들과 그들 삶의 영역에 존재한다는 점에서 남성 연구자가 여성들과 함께 살며 현지조사를 수행하는 것은 사실상 어려움이 많았다. 따라서 남성 연구자들의 작업은 현지조사이기보다는 대부분 현장연구에 그칠 수밖에 없었으며,* 삶의 맥락에서 이루어지는 의례의 실천이 아닌 독립적 실체로서 의례 자체만을 기술하는 연구로 이어질 수밖에 없었다.

　반면, 두 여성 학자는 실제로 무속의 현장에서 여성들과 함께 살며 민족지 쓰기를 실천했다. 켄달은 남한의 최북단이자 접경 지역인 경기 북부의 한 마을에서 거주하며 여성들의 의례적 실천을 참여 관찰 했다. 특히 그녀의 주요 제보자인 '용수 엄마'라는 무당의 집에서 점사를 비롯한 소규모 의례들을 관찰하고, 마을 범위를 훨씬 넘는 무당의 활동 영역을 따라다니며 연구를 수행했다. 김성례는 한반도의 최남단인 제주도에서 1984년과 1985년 사이 18개월간 박사 논문을 위한 현지조사를 수행했다. 초기에는 북제주의 고살미라는 어촌 마을에서 마을의례를 주관하는 '문심방'과 그녀의 딸이자 신딸인 '미조심방'과 8개월을 함께 살며 제주도 심방**의 삶을 보다 가까이서 경험할 수 있었던 것으로 보인다. 한국 무속의 현장에 직접 뛰어들어 살았던 두 여성 연구자의 경험은 한국 무속과 여성들 삶의 내면을 파악하는 인류학적 성과를 남겼다.

---

* 켄달의 책을 번역한 김성례와 김동규는 '옮긴이의 글'에서 '현지조사'와 '현장연구'를 대비하는데, 전자는 민족지적 문화 기술을 위한 것이고, 후자는 최근 민속학자들이 의례 자체만을 기술하기 위해 실시하는 것이다.(『무당, 여성, 신령들』, 315쪽)
** 제주도에서는 무당을 '심방'이라 부른다.

## 여성들의 삶이 중심이 되는 무속 민족지

켄달이 대학원생이던 1970년대 초반은 이제 막 '여성인류학(the anthropology of women)'의 영역과 함께 민족지에도 여성들이 등장하기 시작하던 때이다. 이전까지 인류학자들이 남긴 민족지의 주요 제보자(key informant)는 주로 그 마을 혹은 집단의 남성들이었고, 따라서 민족지에서 여성들의 삶은 배제되었다. 켄달은 마저리 울프(Margery Wolf)의 『대만 농촌의 여성과 가족(Women and the Family in Rural Taiwan)』(1972)에 큰 영향을 받아 『무당, 여성, 신령들』을 기획했다고 고백한다.(『무당, 여성, 신령들』, 7쪽) 켄달이 보기에 한국 무속의 실천은 대부분 여성으로 이루어진 만신들과, 가정의례를 주관하는 여성들이 주인공인 영역이었다. 따라서 "여성의례가 누구에 의해, 언제, 어디서, 왜 이루어지는가"(『무당, 여성, 신령들』, 88쪽)를 민족지적으로 기술할 필요를 느꼈던 것으로 보인다. 무속의 실천이 여성의례일 수밖에 없는 것은 단지 여성이 초자연적인 것에 이끌리는 주변적 존재이기 때문이라기보다는, 오히려 한국의 가정의례에서 여성이 수행하는 역할이 중심적이기 때문이라고 켄달은 밝힌다.

오늘날 한국인은 많은 경우 아파트에 살지만, 켄달이 현지조사를 하던 1970년대에만 해도 주로 전통적 형태의 가옥에 살았다. 특히 영송리는 경기 북부 지역에 위치한 시골 마을로 전통 가옥이 모여 있는 곳이었다. 켄달은 전통적인 한국 가옥이 "무속의례가 벌어지는 중요한 무대였다"는 점을 강조한다.(『무당, 여성, 신령들』, 6쪽) 왜냐하면 "한국의 가정신령들은 가옥 구조 안에 숨어 있"기 때문이다.(『무당, 여성, 신령들』, 202쪽) 이 가택신령들을 달래며 가정의 평안을 비는 주체가 여성이라는 점을 켄달은 강조하는데, 단지 여성이 남성의 대리인으로서가 아니라 "한국인 주부가 가정의 신령들을 불러내어 빌고 가정에서 사제의 권위를 부여받는다"는 점을 밝힌

1977년, 마을굿에서 한 무당이 여성들에게 공수를 주고, 옆에서 또 다른 무당이 부채를 들고
춤추고 있다. 남성들은 약간 떨어져서 부채를 든 무당을 보고 있는데, 굿에서 남성과 여성이 어떻게
분화되는지를 잘 보여 주는 장면이다.(출처: 『무당, 여성, 신령들』, 284쪽, 일조각 제공)

다.(『무당, 여성, 신령들』, 215쪽) 여성들은 스스로 집에서 고사를 지내기
도 하지만, 직접 해결할 수 없는 우환에는 무당에게 의뢰하여 굿을
올렸다. 켄달은 이러한 굿을 이끌어 가는 것도 여성들이라는 점을
보여 준다.

　　책은 전 씨 가족의 굿을 참여 관찰 한 장면들로 시작하는데,
이 민족지적 기술은 책의 내용을 관통하는 여성 중심의 가정의례
(household ritual)에 대한 설명에 종종 등장하며 근거를 제시한다. 이
굿은 전 씨 할아버지의 병환을 풀기 위한 것이지만, 네 명의 무당
과 이 집안의 여성들—전 씨 할머니(부인), 고모(여동생), 이모(처제),
전 씨 할아버지의 딸과 며느리 등—이 이끌어 가는 의례이다. 특
히 굿에서 등장하는 초월적인 존재인 조상 신령들은 단순히 부계
의 경계에 머무는 것이 아니라 의례에 참여한 여성들의 시댁은 물

론 친정으로까지 확장되며, 나아가서는 출가한 딸의 가정에까지 영향을 미친다는 점을 이 민족지는 그려 낸다. 남성이 중심이 되는 유교적 가족의례(family ritual)인 제사에는 부계를 중심으로 단선적인 계보의 조상들이 출현하지만, "굿에서는 훨씬 더 광범위한 '조상'이 등장한다"는 점을 켄달은 지적한다.(『무당, 여성, 신령들』, 258쪽) 이러한 존재들의 등장은 어쩌면 "친정에서 시댁으로 이동하는 여성의 삶의 경험에 입각한" 친족에 대한 견해를 보여 주는 것이 아닌지 저자는 질문을 던진다.(『무당, 여성, 신령들』, 258쪽)

1970년대 한국 농촌 마을에서의 무속을 그린 켄달의 작업은 여전히 시사하는 바가 크다. 한국의 주거 형태의 변화와 급속한 도시화 등으로 인해 이제 굿은 각 가정의 집이 아닌 대부분 산속에 위치한 굿당에서 행해진다. 참여자 또한 다른 친척 여성들이 부재한 채 한두 명의 핵가족 일원에 한정되어 있다. 하지만 여전히 무당을 찾아 가정을 위해 기도하는 주체는 대부분 어머니라는 이름의 여성들이다.

한편, 켄달 역시 한국어판 서문에서 밝혔듯이 이 책의 결론이자 복합적인 현상들을 일반화한 마지막 장은 다양성과 변화의 측면에서 한계를 보인다. 켄달은 이 책의 결론으로서 한국 의례에서 나타나는 가정과 가족의 상보적 관념을 제시하는데, 이는 유교적 제사에 못지않게 여성의례의 상대적 중요성이 유지된다는 점을 강조한 것이다. 하지만 오늘날의 변화에서도 이러한 논의는 여전히 유효하다고 볼 수 있을까? 더불어 오늘날 주거 양식의 변화는 전통적 가신 신앙에도 변화를 가져왔으며, 여성이 결혼 후 경험하게 되는 친족의 구성도 변화했다. 이러한 변화에서 한국 무속과 여성의 삶은 어떠한 관계를 갖게 되는가? 이를 해명할 오늘날의 새로운 무속 민족지가 필요하다.

## 제주도 무속을 통해 드러나는 민중 기억과 여성주의 서사

김성례의『한국 무교의 문화인류학』은 무속에 대한 인류학적 연구방법론을 제시해 주는 책이지만, 그 중심 내용은 제주도 무속에서 스스로를 말할 수 없었던 사람들의 이야기가 어떻게 드러나는지를 그려 내는 것이다. 그 이야기들은 두 가지로 구분되고 또 이어지는데, 하나는 감춰져 있던 4·3 사건의 기억이고 다른 하나는 여성들의 이야기이다. 김성례는 어떻게 주변부의 이야기들이 굿이라는 의례와 무속 문화를 통해 드러나는지를 보여 준다.

　저자가 박사 논문을 위해 제주도로 떠났던 당시만 해도 4·3 사건은 "공공연한 비밀"이었다.(『한국 무교의 문화인류학』, 30쪽) 그러나 김성례는 제주도 무속 연구를 위해 굿을 참여 관찰 하면서 이 사건으로 억울하게 죽음을 맞이한 제주 사람들의 이야기가 무당의 입을 통해 반복적으로 드러나며, 그들의 죽음이 현재 제주 사람들의 크고 작은 우환에 관여한다는 점을 포착한다. 마치 제주도에서의 굿은 말할 수 없던 사람들의 서사가 펼쳐지는 장으로 기능하는데, 김성례는 이것을 "역사에 대한 집단기억의 재현"으로 본다.(『한국 무교의 문화인류학』, 172쪽) 이처럼 굿판에서 다시 쓰이는 역사는 역사주의에서 표방하는 '진리'로서 고정불변하는 이야기가 아니라 끊임없이 굿판에서 소환되어 이야기되면서 재구성되는 민중 기억이다. 김성례는 미셸 푸코의 논리를 빌려 제주도에서의 무속이 4·3 사건의 진실을 규명하는 담론적 활동이라 규정한다.(『한국 무교의 문화인류학』, 180쪽)

　그렇다면 굿판은 어떻게 역사적 '사실'을 드러내는 장으로 기능할 수 있는가? 죽은 자는 말이 없지만, 굿판에서는 이들이 돌아와 증언을 하기 때문이라 볼 수 있을까? 김성례는 제주도 무속에서 죽은 영혼을 달래 주는 의례인 '질치기'에서 심방의 입을 빌려 영혼들이 이야기하는 '영게울림'에 주목한다. 저자는 제주도 굿에서 나타나는 영게울림을 "한 사람의 생애사와 기억을 극적인 형식으로 재구성하여 이야기로 연출하는" 하나의 연희로 본다.(『한국 무교의 문화인류학』, 177쪽) 다시 말해 영게울림은 살아 있는 사람들이 망자에 대해 지닌 기억을 구비 기억의 형식으로 재구성하는 이야기라는 것이다. 김성례는 굿이 4·3 사건으로 희생된 원혼들의 비극적 이야기를 공표하는 장으로 기능함으로써 이들의 죽음과 관련된 역사를 회복하고 이에 대한 민중 기억을 주도하는 역할을 한다는 점을 밝혀낸다.

김성례는 또한 여성 구술 문화의 특유한 서사 기법에 주목한다. 저자는 자신의 주요 제보자인 문심방의 구술 생애사를 기록하며, 이와 같은 구술 형식의 서술 과정에서 여성들이 스스로 이야기의 주체로 등장한다는 점을 발견한다. 따라서 여성들이 자신의 삶을 이야기하는 과정을 여성주의적 글쓰기이자, "자아정체성을 구성하는 언술 행위"로 본다.(『한국 무교의 문화인류학』, 239쪽) 특히 문심방의 생애사를 관통하는 자아정체성이란 '남자 없이도 잘 사는 여자'로 묘사되는데, 이는 "제주 여성의 집단적인 자아상과도 일치한다"(『한국 무교의 문화인류학』, 280쪽)는 점에서 저자는 이것이 개인의 이야기를 넘어 그가 살고 있는 "문화세계의 서사 전통 내에서 창안된 것"(『한국 무교의 문화인류학』, 247쪽)이라는 점을 보여 준다.

이러한 여성주의 서사 기법은 굿이 지닌 연행(演行)적 효과와도 연결된다. 저자는 4부를 통해 제주 무속의 신화와 굿의례의 연행성을 분석하며 사람들이 굿에서 경험하는 것이 무엇인지를 해명한다. 굿의 구조를 구성하는 신화는 표준화된 서사적 틀을 지니지만, "의례 참여자의 생애 이야기와 결합하여 일반성을 가진 문화적 도식으로 재생산된다"는 점에 김성례는 주목한다.(『한국 무교

의 문화인류학』, 338쪽) 다시 말해, 사람들은 굿에 참여함으로써 삶에서
의 경험을 신화적 도식을 통해 이해하고, 동시에 삶의 변화를 경험
한다. 이와 같은 김성례의 무속에 대한 문화적 분석은 굿이라는 행
위가 단순히 '미신'에 국한되지 않고, 사람들이 스스로의 삶을 이
해하고 문화적 서사를 구성해 가는 과정이라는 점을 알 수 있는 계
기를 독자들에게 마련해 준다.

## 오늘날의 한국 무속은?

두 여성 학자의 민족지적 연구는 충실한 현지조사를 통해 한국 무
속과 여성들의 삶, 그리고 굿의 연행 과정에서 드러나는 한국 문화
의 구조를 밝혀낸다는 점에서 거의 반세기가 지난 오늘날에도 의
미를 지닌다. 이들의 민족지 배경이 되는 1970-1980년대의 농촌
에는 마을마다 무당이 있었다. 따라서 한 마을로 들어가 현지조사
를 하며 사람들의 삶과 공동체 속에서 무속을 관찰하고 그것이 지
닌 문화적 구조를 해명하는 것이 가능했다. 그러나 점점 굿은 개인
의 영역으로 축소되었고, 한국인의 생활 양식의 변화로 무속이 한
국인의 삶과 문화의 구조를 온전히 보여 준다고 주장하기에 이제
는 무리가 있다. 그래서일까? 한국 무속에 대한 인류학적 관점에서
의 민족지적 연구는 1970-1990년대에 잠깐 모습을 보인 이후로는
실현되지 못한 듯하다.

　　하지만 여전히 무속의 현장에 가보면 많은 사람들이 굿을 통
해 스스로의 이야기를 드러내고 연행 과정을 통해 서사를 구성하
며 이를 통해 삶의 경험들을 이해하게 되는 모습을 볼 수 있다. 그
러한 점에서 김성례가 제시한 한국 무속 연구의 문화인류학적 방
법론들은 오늘날 무속 현장에서의 연구에도 적용이 가능하다. 이
글에서는 자세히 다루지 않았지만, 김성례는 책의 1부에서 무속

의 연구사를 정리한다. 그 결론으로 김성례는 그동안의 지식인들이 대체로 향수와 정서와 취향에만 머무르면서, 무속에 대한 부정적 관념의 벽을 넘지 못한 탓에, 한국 무속에 대해 이론과 맥락이 부재한 해석들만 존재한다는 점을 꼬집는다.(『한국 무교의 문화인류학』, 153쪽) 연구를 위해 굿을 보러 간다는 나에게도 많은 사람들이 '무섭지 않느냐' 묻고는 한다는 점에서, 무속에 대한 부정적인 이미지는 여전한 듯 보인다.

　한편 무속의 부정적 이미지를 벗기 위해 김성례는 종교적 위치에서의 '무교(巫敎)'로 명명을 시도한다. 이는 '무속'이라는 말이 일제강점기 식민주의자 민속학자들이 조선인의 민간 신앙을 낮추어 부른 것이라는 인식에서 비롯된 시도이기도 하다. 비록 굿이 종교적 상징과 행위로 구성된 의례이지만, 무속을 종교적 위치에 놓는 것이 적절한지는 다시금 고민해 볼 문제이다. 오늘날 한국인들은 '무교' 외에 다양한 종교를 믿고 있음에도 무속의 실천이 그들의 삶에 자리하고 있다는 점은 어떻게 해명할 것인가? 서리북

오성희
서울대학교 인류학과 박사과정을 수료했다. 현재 박사학위 논문을 위해 무속 현장에서 연구하고 있다. 대표 저서로 『유네스코 유산, 평화를 품다』(공저), 『기억으로 남은 새말』(공저) 등이 있다.

📖 서양인 신부의 눈으로 굿의 상징과 행위를 분석한 책이다.
특히 굿이 지닌 연극적 측면을 논하며 '삶의 드라마'로
바라본다는 점에서 인간의 삶과 굿 연행의 관계를
이해할 수 있다.

"더욱이 이 의식들은 단순한 연기에 머무르지 않고
현실 삶의 드라마로서의 힘을 지니고 있다. 그것은 망자가
삶의 완성을 이루는 드라마, 가족들이 가족의 과거를
되풀이하면서 이제 위기의 시기를 넘어서 미래로 나아가는
드라마, 일가족의 과거, 현재, 미래에 언제든지 기꺼이
참여하고자 하는 신령들과 조상들의 드라마이다."
—책 속에서

『삶의 드라마』
다니엘 A. 키스터 지음
서강대학교 출판부, 1997

📖 남성 인류학자가 현지조사를 수행한 연구를 토대로
황해도 굿의 의례와 음악적 구조를 분석한 책이다. 무속의
현장에 들어가기 위한 남성 연구자의 노력과 연구 과정을
엿볼 수 있는 민족지이다.

"충주로 가는 차에서 나는 매물이 만신에게 물었다. '사람이
굿을 왜 하는 거죠?' '그야 행복해지려고 하는 거시.' 매물이
만신의 대답은 너무도 명쾌했다. '진짜로 신이 있어요? 신을
본 적이 있으세요?' '신이 있다고 믿는 사람에게는 신이 있을
테고, 없다고 믿는 사람에게는 없을 테고……' 나의 우문에
대한 현답이었다."—책 속에서

『황해도 굿의 음악 인류학』
이용식 지음
집문당, 2005

# 韓國의 風水思想

## 崔昌祚

대우학술총서 · 인문사회과학 10

民音社

『한국의 풍수사상』
최창조 지음
민음사, 1984

# 현대 지리학과 그 사상적 대안 사이에서

## 임종태

### 지도교수 없이 쓴 학위 논문

얼마 전 작고한 최창조(1950-2024)를 추모하는 기사에서 풍수지리학자 김두규(우석대 교양학부)는 그를 이전까지 "'술(術)'로 치부되던 풍수"를 "당당하게 '학(學)'의 반열에 오르"게 한 인물로 평가했다.* 생전에 최창조는 자신을 "풍수 학인(學人)"이라 부르고는 했는데, 스스로도 진지한 학문으로서 풍수를 공부하는 사람으로 자신을 규정했음을 보여 준다.

하지만 풍수라는 '전근대적' 술수(術數)를 '현대적' 학문으로 정립하고자 한 그의 여정은 평탄하지 않았다. 김두규에 의하면, 묘지를 정하는 음택 풍수를 비판하고 풍수의 합리적 개혁을 추구한 그의 시도는 개혁의 대상이 된 기성 풍수 술사들로부터 "집요하게 공격"받았다. 그렇다고 학계가 그를 온전히 인정한 것도 아니었다. "오리엔탈리즘 관점에서 한국의 풍수를 무시하는 지식인들"

---

* 김두규, 「고(故) 최창조 교수, 술(術)을 학(學)으로 높인 풍수학인… "그곳에도 단골술집 있겠죠"」, 《조선일보》, 2024년 2월 2일자.

에게 그는 "경계심과 질시"의 대상이었으며, 결국 1991년 자신이
재직하던 서울대 지리학과를 "자의 반 타의 반" 사직해야 했다.*
그는 30여 년의 긴 여생을 재야의 풍수 학인으로 살았다. 그의 굴
곡진 삶의 궤적은 한의학, 풍수, 점복(占卜) 등 전근대와 근대의 분
수령을 넘어 살아남은 옛 지식과 실천이 서구 근대 과학의 지적 헤
게모니하에서 겪은 질곡과 굴절을 잘 대변한다. 이 중 한의학이 지
난한 과정을 거쳐 현대 의학으로의 변신에 성공한 경우라면, 풍수
와 점복은 (적어도 아직은) 그렇게 되지 못한 분야이다.

　1984년 민음사의 대우학술총서로 간행된 『한국의 풍수사상』
은 최창조의 첫 번째 본격 학술서이다. 출간 당시 "전통적인 한국
의 풍수지리를 현대 지리학으로 체계화"했다고 높은 평가를 받은
이 책은 어찌 보면 그의 비공식 박사학위 논문이라 할 수 있다.** 대
학에서 풍수를 배울 선생이 없었으므로 "내가 원하는 공부는 내
가 할 수밖에 없다"고 판단한 그는 서울대 박사과정을 한 학기 만
에 그만두고, 전북대 지리학과 교수로 재직하면서 이 책을 탈고했
다.*** 이 책은 구성과 논조에서 본격 학술서의 성격을 띠고 있으
며, 그가 대학원 시절 출판한 일련의 논문들을 확대, 종합한 성격이
짙다.**** 이를테면 지도교수 없이 쓴 학위 논문인 셈이다.

　독학의 결과물이 대개 그렇듯 풍수에 대한 저자의 열정과 해
박한 지식이 묻어나 있는 이 책은 다른 한편으로는 그 해석의 깊이
와 논지의 짜임새에서 몇 가지 중요한 문제를 노정하고 있다. 이는

---

* 같은 글.

** 「풍수지리를 체계화 전북대 최창조 교수」,《동아일보》, 1984년 4월 6일자.

*** 최창조, 『한국의 자생 풍수 1』(민음사, 1997), 24쪽.

**** 예를 들어, 최창조·박영한, 「풍수에 대한 지리학적 해석: 양기풍수를 중심으로」,《지
리학》13(1), 1978, 21-39쪽.

당시 30대 초의 젊은 학자 최창조의 학문적 미숙함을 반영하는 것일 수 있겠지만, 나로서는 '미신적' 풍수를 '현대적' 학문으로 정립하려는 일견 무모한 시도가 필연적으로 안고 있는 모순과 난관을 더 잘 드러내는 것 같다. 마치 서로소인 두 숫자의 공약수를 찾는 것 같은 이 기획의 어려움은 고스란히 책의 내적 균열로 남았다.

## 대안적 지리 사상의 모색

그가 '머리말'과 '서언'에서 제시한 이 책의 목표는 크게 세 가지이다. 첫째, 복잡다단한 풍수의 술법을 일목요연하게 정리하기. 둘째, 과거 한국사에서 풍수가 쓰인 사례를 통해 풍수의 실제를 탐구하기. 셋째, 한국의 전통 풍수설에서 현대 서구 지리학의 한계를 보완할 지리학의 "한국적 이론"을 모색하기.(6쪽, 11-14쪽)

　　이상의 목표 설정은 그가 추구한 학문 풍수가 풍수를 현대 지리학으로 환원함으로써 이루어지는 것이 아니었음을 잘 보여 준다. 반대로 그는 풍수설과 그 실천에서 당시 한국 지리학을 지배하고 있던 서구 지리학의 사상적 대안을 찾고자 했다. 『한국의 풍수 사상』이라는 일견 무미건조한 제목에는 이렇게 의미심장한 지향이 담겨 있었다. 그는 자신이 대학에서 공부했던 지리학이 "서구적 합리성과 분석력"만을 강조함으로써 "옛 술가(術家)들의 거시·대국적 관점을 잃어 가고" 있다고 한탄했으며,(6쪽) "자연을 종속적인 것으로 보는" 서구의 분석적·계량적 지리학으로는 나름의 문화를 지닌 한국인들이 한반도의 독특한 자연환경과 오랜 세월 작용하며 만들어 낸 "우리나라의 공간 논리"를 제대로 이해할 수 없다고 보았다.(14쪽)

　　그렇다고 그가 풍수의 이론과 실천 모두를 온전히 긍정한 것은 아니었다. 풍수설 중에는 받아들이기 어려운 불합리한 요소도 있었는데, 죽은 선조의 유해와 후손 사이의 감응에 관한 "속신(俗信)"(12쪽)에 따라 후손의 영달을 목적으로 부모의 묫자리를 고르는 "음택(陰宅)" 풍수가 대표적이었다. 그는 이 책에서 음택 풍수에 관한 내용을 아예 생략하고 도읍지, 마을, 주택의 입지를 고르는 "양기(陽基)·양택(陽宅)" 풍수만을 논했다. 당시까지의 풍수가 음택 풍수 위주였다는 점에서 그는 기존 풍수의 핵심 요소를 "학(學)"으로서의 풍수에서 배제한 것이다.

　　풍수에서 현대 지리학의 대안을 찾는 한편 동시에 풍수에서 불합리한 요소를 솎아내는 최창조의 이중 전략은 전근대 시기에 유래한 지적 요소를 현대 학문으로 만들기 위한 효과적 전략의 하나로 볼 수 있다. 두드러진 선례도 있었는데, 한의학을 서양 의학의 대안으로 자리매김함으로써 근대 의학의 일원으로 만들고자 한 조헌영(趙憲泳, 1900-1988)의 한의학 부흥론이 바로 그러했다. 하지만 아쉽게도 최창조의 책은 조헌영의 『통속 한의학 원론』(동양의학사, 1934)에 비견될 만큼의 명석한 내용과 설득력을 갖추었다고 보기 어렵다. 그의 책에서 풍수 이론의 체계화, 그에 대한 현대 지리학적 해석, 대안적 지리 사상의 모색이라는 세 요소는 아직 일관된 관점으로 종합되지 못한 채 별개의 논의로 남아 있다.

### 풍수와 현대 지리학 사이에서

'서언'에 이어지는 총 여섯 장의 본론은 크게 세 부분으로 나눌 수 있다. 제2장과 제3장은 풍수설의 역사와 기법을 체계적으로 개관하며, 제4, 5, 6장은 일종의 역사 지리학적 사례 연구로서 옛 도읍지의 선정 과정,(제4장) 전통적 도시의 입지,(제5장) 옛 예언서에 피란처로 제시된 십승지(十勝地)의 분석(제6장)을 통해 한국인들이 풍수를 이용한 방식과 관점을 추적한다. '풍수적 이상의 땅'이라는 제목을

1840년대 김정호가 제작한 것으로 추정되는 〈수선전도(首善全圖)〉를 1864년 전주에서
중간(重刊)한 지도. 남쪽으로는 한강, 북쪽으로는 도봉산, 서쪽으로는 마포와 성산리, 동쪽으로는
안암동과 답십리까지를 담았다.(출처: 서울역사박물관 소장)

지닌 마지막 제7장은 일종의 결론으로서 풍수설에 전제된 이상적
땅의 관념을 요약한다.

    첫 부분에서 그는 중국 및 한국의 고금 풍수서에 대한 폭넓은

조사를 통해 그가 추출한 결과물을 '풍수학 개론'의 형식으로 제공해 준다. 음양오행설과 『주역(周易)』의 이론적 토대, 중국과 한국에서 풍수설의 역사를 다룬 도입부를 거쳐 풍수설의 주요 개념과 술법에 관한 길고 자세한 소개가 이어진다. 그에 따르면, 통일신라 시기 중국에서 도입된 풍수는 "땅속에 흘러 다니는 생기 (生氣)에 감응받음으로써" 흉을 피하고 복을 얻을 수 있는 "진혈(眞穴)"의 장소를 찾는 술법이다.(74쪽)* 이는 주위의 산세와 물의 흐름을 살펴봄으로써 이루어진다. 그는 풍수술의 각론으로 멀리 조산(祖山)으로부터 혈까지 이어지는 산세의 선악을 살피는 간룡법(看龍法), 혈 주위를 둘러싼 산세가 바람을 잘 갈무리하는지 보는 장풍법(藏風法), 물길이 산세와 조화하는지 보는 득수법(得水法), 생기가 모여 있는 장소에 무덤과 주택의 자리를 정하는 정혈법(定穴法), 혈 주위 산수(山水)의 길흉을 그 흘러가는 방위를 통해 판별하는 좌향론(坐向論), 혈 주위의 지세를 사람이나 동물의 형상에 비겨 그 성질을 판별하는 형국론(形局論) 등의 여섯 술법을 하나하나 자세히 살펴본다.

풍수설을 소개하는 최창조의 논조는 독자들에게 현대 지리학과는 판이한 풍수설의 세계를 소개하는 통역에 가까워 보이기도 한다. 하지만 그의 통역이 그리 친절하지는 않다. 이병도, 최병헌의 역사학적 연구를 끌어오거나 현대 지리학·종교학적 설명이 간혹 제공되기는 하지만, 전체적으로 그와 같은 부연과 해설은 극히 억제되어 있고 옛 풍수서의 언어를 가공 없이 전달해 주는 서술이 주를 이룬다. 그런 점에서 최창조의 '풍수학 개론'은 독자를 원어

---

* 이때까지만 해도 최창조는 한국 풍수가 중국에서 기원했다는 통설을 크게 문제 삼지 않았다. 하지만 이후 그는 중국의 풍수와는 그 사상과 기법이 다른 한국의 '자생' 풍수를 강조하게 된다.

(原語)에 최대한 노출시킴으로써 공약 불가능한 세계에 익숙해지도록 하는 전략을 택한다. 단편적으로 제공되는 현대적 부연 설명은 불충분하며 심지어 모순되는 것처럼 보이기도 한다. 풍수의 이론적 토대가 되는 음양설에 대해 우주의 변화를 "유기적 파동"으로 파악했다는 일종의 신과학적 설명이 제기되는가 하면,(72쪽) "좌향론"의 정치하고 복잡한 술법을 일종의 "자연과학"으로 볼 수 있다며 다분히 긍정적으로 평가하다가도,(154쪽) 그 복잡다단한 성격이 "학(學)"이 아니라 "술(術)"로서의 성격에서 비롯된 한계라며 비판하기도 한다.(167쪽) 이러한 단편들을 통해 풍수에 대한 저자의 관점과 평가가 무엇인지 파악하기는 어렵다.

　　그에 비해 옛 도읍지의 선정, 읍 지역의 입지, 예언서에 언급된 피난처의 풍수를 다룬 책의 후반부에서는 저자의 해석이 좀 더 적극적으로 제시된다. 전반부에서 저자가 주로 풍수 술사의 목소리를 유지했다면, 후반부에서는 현대 지리학자와 풍수 술사의 두 목소리가 대등한 비중을 차지한다. 그는 역사학자의 선행 연구를 지렛대 삼아 옛 사료를 해석하거나, 현대 지형도와 고지도를 통해 해당 지역의 자연 지형을 탐색하며, 과거 역사적 행위자들의 풍수적 입장에 대해 스스로 풍수 술사가 되어 그 가부를 판단하기도 한다. 그 과정에서 각 지역의 입지에 대한 현대 지리학적 분석과 풍수적 입지 해석 사이에 활발한 교류와 번역이 이루어진다. 단적으로 고려의 수도 개경이 "산에 위요(圍繞)된 분지상(盆地狀) 지형"(210쪽)이라는 현대 지리학적 평가는 "오관산(五冠山)의 정기(精氣)를 축적할 수 있는 풍수의 전형적인 장풍국(藏風局)"(199쪽)이라는 풍수설의 명제와 대응된다. 조선 초에 제기된, 한양 서북쪽의 산이 낮아 "황천살(黃泉殺)"이라는 흉한 지세가 되었다는 지적에 대해서는 "우리나라 겨울철의 한랭한 서북 계절풍이" 비어

있는 서북방을 통하여 불어온다는 점에서 합리적이라고 해석한다.(233-234쪽)

풍수와 현대 지리학 사이를 왕복하는 번역은 풍수의 이론과 언어를 통해 진행된 과거의 도읍 선정 논의가 현대적 관점에서도 상당히 합리적이었다는 결론으로 이어진다. 하지만 여기서 묘하게도 그는 도읍 선정 논의의 합리성이 풍수설 그 자체 때문은 아니라는, 풍수의 가치에 대해 유보적인 태도를 보인다. 예를 들어 그는 한반도의 동남쪽에 치우친 경주를 대신하여 개경과 같은 중부 지방으로 "국토 공간의 중심적 위치"를 옮기고자 했던 신라 말 선승(禪僧)들의 지향에 "국토를 조직적으로 보고자 하는 합리성이 깊이 내재해" 있었으며, 이는 아직 풍수지리설이 한국에 도입된 초기여서 "술법에 크게 치우치지 않았던" 때문이라고 추정했다.(210쪽) 조선 초 한양의 입지 선정에 대해서는 풍수가 새로운 도읍의 선택에 결정적 요소였다기보다는 "현실적, 인문지리적 관점에서" 나온 입장을 "합리화시키기 위한 방편"인 것 같다고 보았다.(239쪽) 이상의 논의에 대해 다음과 같은 질문이 떠오른다. 풍수는 그 자체로 합리적인가? 아니면 다른 합리적 고려를 통해 도달한 주장을 합리화하는 논거에 불과했나? 풍수에 합리성이 있다면 그것은 현대 지리학의 합리성과 부합하는가? 아니면 그것을 넘어서는 경지가 있는가? 이러한 문제들에 대해 최창조는 해명하지 않는다.

결론에 해당하는 마지막 제7장은 서양의 이상향(유토피아)에 비교하여 풍수가 대변하는 동양의 명당(明堂)·길지(吉地) 관념이 지닌 특징을 논한다. 이상향이 자리한 땅에 대해 그다지 주의를 기울이지 않는 서양의 사회적 유토피아와 그 입지에 대한 "구체적인 경관 묘사"를 담고 있는 동양의 길지 사이의, 흥미롭지만 의도가 불분명한 비교를 제시한 뒤,(335쪽) 그는 자신의 연구에서 도달한 풍수적 이상향의 핵심을 다음과 같이 정리하며 책을 마무리한다.

> 온화 유순하고 부드러우며 결함이 없이 마음을 안정시켜 주는 주위
> 환경, 각이 지지 않는 방위와 유장한 산의 흐름, 찌르듯 달려들지 않
> 는 물길, 그러나 변화무쌍하여 결코 단조롭지 않은 산수의 배열, 이
> 러한 조화를 이룬 자연에 적덕(積德)한 사람들의 영원한 거소, 이것이
> 풍수적 이상의 땅, 길지인 것이다.(337쪽)

이 아름답고 감동적인 요약은 최창조가 도달한 풍수 사상의 경지
를 반영한 것으로 보이지만 책 전체에서 이루어진 논의의 자연스
러운 논리적 귀결점으로 받아들이기는 어렵다.

결론적으로 풍수를 술수에서 학문으로 상승시키려는 이 책의
시도는 미완으로 남았다. 풍수설을 그 자체의 언어로 이해하려는
시도, 그것을 현대 지리학의 언어로 번역하려는 시도는 서로 충분
히 결합하지 못했고, 서구 현대 지리학의 대안적 사상으로서 풍수
사상의 가능성에 관한 논의는 파편적 언급들로 흩어져 있다.

## 한국의 '자생 풍수'를 창안하다

『한국의 풍수사상』에 내재된 균열이 해소된 것은 그로부터 약 10년
뒤 최창조가 서울대를 떠난 이후에 나온 좀 더 대중적이며 논쟁적
인 저술들에서 확인할 수 있다. 기성 학계와의 불화를 겪으며 그
의 생각은 현대 지리학의 대안적 사상으로서 '한국 풍수'를 더욱
강조하는 방향으로 변모했다. 이기적이며 미신적인 음택 풍수의
술법, 땅을 이용과 착취의 대상으로만 보는 서구의 분석적 지리학
모두에 비판적인 이중 전략은 유지되었다. 하지만 『한국의 풍수사
상』에서 그 둘 모두를 안정적으로 비판할 사상적 입지를 확보하지

영암 도갑사 도선국사 진영. 도선은 승려로서도 명성이 높았으나 음양풍수설의 대가로서 더 널리
알려져 있다.(출처: 한국민족문화대백과사전)

못한 채 모순되는 요소들 사이에서 진동하던 그의 사유는 1990년 대에 이르러 '한국의 자생 풍수'라는 자기 사상의 안식처를 창안 했다.

신라 말의 선승 도선(道詵)이 지리산의 이인(異人)에게 전수했 다는 "자생 풍수"는 정교한 술법 체계를 갖춘 중국의 "이론" 풍수 와는 달리 "어머니로서의 땅에 대한 사랑"을 핵심으로 하는 "직 관적" 풍수였다. 『한국의 풍수사상』에서 서양 지리학에 대비되는 "동양의 사상"으로 혼칭되던 중국과 한국의 풍수가 이제는 분명 히 구분되는 지향으로 나뉜 것이다. 최창조에 따르면, 한국적 자생 풍수는 그 비조인 도선이 속했던 선불교처럼 이론적 체계화에 저 항하는 직관적 깨달음의 풍수였다. 좌향법이니 득수법이니 좋은 땅을 찾는 중국의 복잡한 술법은 한반도의 자연환경, 그리고 그 속 에서 한국인이 오랜 세월 길러 온 문화와 맞지 않았다. 중국 풍수 가 발복(發福)을 위한 좋은 땅을 찾는 술법이라면, 한국의 자생 풍수 는 사람이 "어머니 땅"과 상생 조화하는 것이 목적이며, 병든 어머 니를 사랑으로 돌보듯 나쁜 땅이라도 고쳐 쓰는 "비보(裨補)"의 실 천이 그 요체가 된다. 음택 풍수가 유행하는 한국의 현 상황은 조 선 시대 이래 중국 풍수의 유행으로 도선의 풍수가 사라진 역사적 타락의 결과물이다.*

문제는 도선이 남긴 한국 풍수의 유산을 고찰할 문헌 증거가 별로 없다는 것이다. 그에게 남은 방법은 전국 곳곳에 남아 있는 자생 풍수의 흔적을 답사를 통해 경험으로 느끼고 추론하는 것뿐이 었다. 그 결과물이 자신의 '주관적' 창안일 수 있다는 것을 최창조

---

* 한국의 자생 풍수에 관한 최창조의 생각은 최창조, 「한국 풍수지리설의 구조와 원리」, 『한국의 자생 풍수 1』(민음사, 1997), 39-185쪽; 최창조, 「한국 자생풍수의 특성」, 국제문 화재단 엮음, 『한국의 풍수문화』(박이정, 2002), 34-66쪽을 참조.

도 잘 알고 있었지만, 크게 개의치 않았다. 술수를 현대적 학문으로 정립하려는 그의 모순적 시도는 결국 술수뿐 아니라 학문마저도 초월하는 경지에서 해법을 찾은 것이다. 이제는 어머니 대지의 품으로 돌아간 그의 영면을 기원한다. 서리북

임종태
서울대학교 과학사 및 과학철학 협동과정에서 과학사로 박사학위를 받았고, 현재 같은 대학 과학학과에서 가르치고 있다. 조선 후기 서양 과학 수용, 중국과 조선의 과학 교류, 유교 관료제하에서의 과학기술 등에 관해 연구하고 있다. 저서로 『17, 18세기 중국과 조선의 서구 지리학 이해』, 『여행과 개혁, 그리고 18세기 조선의 과학기술』이 있다.

📖 최창조가 서울대를 떠난 이후에 쓴 글을 모은 책으로,
한국의 자생 풍수에 대한 그의 논의가 잘 드러나 있다.
대학원 시절부터 서울대를 떠난 직후까지의 사건에 대한
그의 회고 글도 그의 삶과 풍수를 이해하는 데 큰 도움이
된다.

"땅을 혹은 산을 마음으로 받아들일 수 있는 눈을 가진
사람은 어머님의 품 안과 같은 명당을 찾아낼 수 있다. 구태여
풍수의 논리나 이론이 개입할 필요가 없다. (……) 우리 풍수의
방법론적 본질은 본능과 직관과 사랑, 바로 이 세 가지로
요약이 가능하다."―책 속에서

『한국의 자생 풍수』(전2권)
최창조 지음
민음사, 1997

📖 최창조가 역주한 이 책은 중국 풍수의 고전으로 조선 시대
음양과(陰陽科) 과거 시험의 기본 교재로 쓰였다. 이 역주본은
학문 풍수에 관한 최창조의 주요 업적 중 하나이다.

"저자는 청오와 금낭의 내용이 대단하다고 생각하지는
않는다. 또한 저자는 풍수가 바라는 바가 이론의 암기가
아니라는 점도 충분히 동의하고 있다. 그러나 풍수의
이론들을 잘 알지도 못하면서, 풍수가 중시하는 바는 이론이
아니라고 하면서 자신의 무식을 회피하려는 것 또한 몹시
타기해야 할 일이라고 생각한다."―책 속에서

『청오경·금낭경』
최창조 역주
민음사, 2012
(1993년 초판 출간)

Conquest of the Shang Dynasty

# 상나라 정벌

## 은주殷周 혁명과
## 역경易經의 비밀

리숴李碩 지음 | 홍상훈 옮김

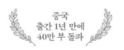

중국
출간 1년 만에
40만 부 돌파

고대사 인식
패러다임을
바꿔놓을 책!

글항아리

# 좋은 역사가가 베스트셀러를 쓸 수 있을까?

## 심재훈

**들어가며**

이 글을 쓰기 시작한 2024년 3월 중순 모 작가가 방송에서 한자는 중국이 아닌 한국 것이라고 또 일갈한 모양이다. SNS에 조롱하는 글들이 보이지만 이미 90만 명이 시청했다고 한다. 환빠로 지칭되는 한국의 사이비 역사는 세계 최고 수준이다. 그렇다면 중국은?

흔히 예상되는 기대와 달리 중국에서 사이비 역사가 설 자리는 그리 커 보이지 않고, 그로 인해 야기되는 사회 문제도 두드러지지 않는다. 사이비 역사가 발호하는 조건을 생각해 보게 한다. 내 전문 분야인 고대사로만 한정하여 여러 조건 중 하나만 꼽으라면 나는 문헌 기록의 부재를 들고 싶다. 해당 역사의 주체 혹은 선조로 간주될 고대인이 직접 남긴 문헌의 존재가 어느 정도 고대사의 한계를 정해 주는 방향키 역할을 한다는 얘기다.

그 방향키가 거의 없는 한국의 사이비 역사가 중국을 훌쩍 넘어서는 지역으로까지 웅대한 꿈을 펼칠 수 있다면,* 기원전 13세기

---

\* 모헨조다로와 하랍빠를 비롯한 풍부한 고고학 자료에도 불구하고 고대의 문헌 기록

의 갑골문에서 시작된 두꺼운 문헌 전통을 가지고 있는 중국의 경우 사이비 경향을 지니는 역사도 감히 현재 중국의 영토를 넘어서려는 꿈을 꾸기는 어렵다.

중국은 세계 고대 문명사에서 후발 주자에 속하지만, 어느 고대 문명보다 방대한 고고학 자료까지 축적해 오고 있다. 대체로 기원전 세 번째 천 년기에 거대한 성벽을 갖춘 도시 유적이 도처에 나타나고, 기원전 2000년경부터 금속을 사용했다. 기원전 1700년경부터 중국 학계가 하나라 도읍으로 보는 얼리터우 유적에서 비교적 넓은 범위를 포괄하는 정치체가 출현하여, 기원전 11세기까지 상 왕조 혹은 문명이라는 상당히 발전된 고고학 복합체로 꽃을 피운다.

그렇지만 풍부한 문헌과 고고학 자료가 반드시 학술적으로 인정받을 만한 좋은 역사만을 산출하게 할까? 최근 국내에 번역·출간된 리쉬의 『상나라 정벌: 은주 혁명과 역경의 비밀』은 이러한 측면에서 문제적이다. 이 책은 2022년 중국에서 출간되어 고대사를 다룬 책으로는 드물게 수십만 권이 팔린 베스트셀러가 되었다.

중국 고대사에 빠져 있는 사람으로서 설레는 마음으로 이 책을 집어 들었다. 재미와 탄식이 교차하는 와중에 풍부한 자료가 홍미 위주 베스트셀러의 필요조건은 될 수 있지만, 무한한 비판을 책임져야 하는 좋은 역사서로서의 충분조건과는 확실히 다른 문제라는 사실을 새삼 떠올리게 되었다. 이 글의 후반부에서 살펴볼 문제의 핵심은 결국 학문으로서 역사의 기본인 자료의 활용 방법으로 수렴된다. 좀 더 구체적으로는 성격이 확연히 다른 고고학 증거

---

이 거의 없는 인도 역시 사이비 역사의 끝판왕으로 보인다. 이광수, 「인더스 문명과 갠지스 문명의 정체에 관한 논쟁: 힌두뜨와 역사 서술에 대한 비판을 중심으로」, 김구원 외, 『이집트에서 중국까지: 고대문명 연구의 다양한 궤적』(진인진, 2024), 234-274쪽.

와 문헌 자료를 과연 동일 선상에서 결합할 수 있을지에 달려 있다. 탄탄한 문헌학적 토대가 핵심 변수임은 물론이다.

우선 비판적 접근에 앞서 중국 대중의 환호를 받은 이 책의 내용을 개괄하며 장점부터 살펴보기로 하자.

## 기원전 두 번째 천 년기 중원을 관통하는 대서사

『상나라 정벌』의 중국어본 부제는 '은주의 변화와 화하의 새로운 탄생'이다. 한국어본이 『역경(易經)』이라는 책이 담고 있는 비밀을 강조했다면, 중국어본은 은주 혁명을 통한 화하(중국)의 새로운 면모에 초점을 맞춘 것으로 보인다. 그 변화의 핵심에 기원전 4000년경 신석기 시대 중후기부터 시작되어 기원전 13-11세기 상나라의 후기 도읍인 은허에서 절정에 달한 인신공양 제사라는 종교적 습속이 자리한다. 상나라의 주변에서 성장한 주나라의 문왕과 무왕이 기원전 1046년쯤 상나라를 멸망시키자 주 왕조의 기틀을 닦은 주공(周公)은 인신공양 제사에 기반한 종교를 폐지했다. 인문주의에 기대어 '새로운 화하 문명'의 길을 연 것이다. 주공이 의도적으로 기억에서 삭제한 상나라의 잔혹한 과거사는 500년 후 육경을 편찬한 공자에 의해 간파되었다. 다만 공자는 주공의 사업을 계승하고자 일부 진상만 보존한 채 덮어 버렸다.(프롤로그)

크게 세 부분으로 나눌 수 있는 이 책에는 위의 핵심 내용 이외에 최근까지 중국의 고고학 성과를 반영한 다양한 이야기가 담겨 있다. 그 첫 번째가 신석기 후기부터 하나라의 멸망까지 이르는 과정이다.(1-4장) 저자는 룽산 문화로 알려진 중국 신석기 후기 대형 성벽 도시 유적들이 상당한 규모에도 불구하고 모두 200년을 넘기지 못하고 소멸한 것과 달리, 벼농사와 청동기로 대변되는 얼리터우(하 왕조) 시기에 이르러서 상과 주 왕조까지 "하나의 맥"으

발굴 중인 왕릉구 M1550 대묘.(출처: 『상나라 정벌』, 303쪽, 글항아리 제공)

로 전승되는 기틀이 마련되었다고 강조한다.(118쪽) 하 왕조의 영향
력이 미치는 범위를 전통적 인식보다 좁게 보면서 청동 문화를 근
간으로 발전하던 얼리터우 궁성 유적의 훼손 양상을 통해 기원전
1600년경 하상 교체기의 상황을 그려 낸다.

　　두 번째로 상나라의 연원에서 절정기까지를 다룬다.(5-14장)

조신(鳥神)을 섬기며 물소를 타고 유목하던 상족은 얼리터우를 정복한 후 그 인근과 동쪽으로 100킬로미터 지점인 정저우에 각각 거대한 성벽으로 에워싸인 두 도읍(옌스상성과 정저우상성)을 건설했다. 얼리터우의 청동 기술을 더 발전시킨 상은 청동 원료 등 자원 확보를 위해서 먼 지역까지 확장을 추구한다. 인신공양 제사가 더욱 잔혹하게 확대되는 와중에 인간 희생 대신 청동기를 부장하는 종교개혁이 100년에 걸친 왕실의 내전을 유발했고, 19대 반경왕이 북쪽의 은허 지역으로 천도했다. 저자는 여전히 불분명한 천도 이유에 대해 은허에서 본격적으로 나타나기 시작하는 마차에 착안하여 말의 산지와 더 가까워지기 위한 것으로 추정한다.(290쪽, 327-335쪽) 22대 무정왕 이래 상 후기 은허의 눈부신 발전은 거대한 왕릉 구역에서 양적 질적으로 절정에 이른 인신공양 제사와 함께한다. 그 바탕에는 모든 것이 신(帝)의 손에 달려 있다는 냉혹하고 폭력적인 세계관이 자리했다. 이 와중에 상은 서쪽으로 시안시 동쪽 라우뉴포(老牛坡)에 숭국(崇國) 유적으로 추정되는 중요한 거점을 확보했는데, 저자는 상족과 주족이 교접하며 일어난 화하 문명의 새로운 역정이 여기서 비롯되었다고 본다. 여기까지를 이 책의 전반부라고 볼 수도 있겠다.

　세 번째는 상나라를 멸망시킨 주족의 기원에서 주공의 변혁까지를 포괄한다.(15-27장) 원래 상의 적인 강족에 속했던 주족은 상의 인신공양 제사를 위한 포로를 공급하는 속국으로 성장했다. 상왕이 부친 계력을 살해하자 뒤에 주나라 문왕이 된 창(이하 문왕)은 상의 정벌을 꿈꾸며 상왕이 신과 소통하는 갑골 점복의 비밀을 깨닫기 위해 노력했다. 그 와중에 정치적 격변에 휘말리며 은허의 인신공양 제사를 지낸 장소와 가까운 유리(羑里)의 감옥에 구금되었다. 살육 제사의 처참한 광경을 목도하고 자신도 그 대상이 될 수

있다는 두려움에 떨며 문왕은 『역경』의 64괘 체계를 세우고 괘효
사까지 완성했다. 그는 『역경』의 변역(變易) 원리에 따라 상의 패권
을 대체하려는 희망을 품고 옥에서 풀려나지만, 상왕에 의해 피살
당한 장자 백읍고의 인육을 다른 자식들과 나누어 먹어야 하는 극
한 상황을 경험한다. 상을 저주하며 유능한 천민 출신 강태공과 의
기투합한 문왕은 정복의 기틀을 닦다 사망하고, 아들 무왕이 서쪽
의 연합군을 이끌고 목야에서 상의 군대를 궤멸시키며 그 과업을
완성한다. 3년 후 사망한 무왕의 뒤를 이어 아우 주공이 정복 사업
을 공고화했다. 그 핵심에 인신공양 제사 폐지를 위시한 상의 종교
관련 기억 말살이 자리한다. 상의 유민들이 여전히 선호한 인신공
양의 불씨가 되살아나는 것을 방지하고, 자신들의 포로 사냥과 백
읍고의 인육을 먹은 참담한 경험도 반드시 망각해야 했기 때문이
다.(820쪽) 따라서 왕조의 교체는 단지 상의 마지막 왕인 주왕(紂王)
의 도덕적 결함에 의한 것으로 정론화되었고, 주족의 대분봉에 따
라 민족 융합과 함께 예제 정비를 통한 새로운 화하 문명이 시작되
었다.

## 고고학적 디테일과 비약

앞에서 요약한 『상나라 정벌』의 주요 내용 중 특히 첫 번째와 두
번째 부분은 주로 고고학 자료를 토대로 한다. 그 시대를 전해 주
는 문헌 기록이 거의 없으니 당연한 일이다. 상세하면서도 쉽게 이
해되는 저자의 묘사 능력이 독자들의 가려운 데를 긁어 주는 이 책
의 큰 장점으로 보이지만, 아래의 세 사례처럼 군데군데 지나친 해
석도 두드러진다.

　　하 왕조의 도읍으로 추정되는 얼리터우 유적에서는 중국 최
초의 대형 청동 주조 작업장 유적이 발굴되었다. 저자는 궁전구 남

쪽 별도의 담으로 둘러쳐진 체조 경기장 크기의 유적을 세밀히 묘사하며 제작된 청동기의 내역 및 제련과 주조 기술의 진화 과정, 작업장에 바쳐진 인신공양 제사 흔적까지 검토한다. 이를 토대로 최고급 제품을 향한 신령에의 희구가 후대까지 금속 제련 작업장에 인신공양 제사 흔적 등 신비적 요소가 나타나는 이유라고 본다.(107-126쪽) 다만 얼리터우 유적의 폐기 단계에서 훼손된 궁전구와 달리 청동 작업장의 북쪽 담장이 훼손 후 중건된 양상만을 근거로, 궁전구와는 별도로 청동기를 제작했을 무리가 상에 협력하여 하나라를 멸망시킨 '내통자'였으리라고 비약한다.(139쪽)

　『상나라 정벌』에서 가장 중시한 고고학적 디테일은 이 책의 핵심 주제인 상나라의 인신공양 제사 부분일 것이다.(7장과 10장) 옌스상성과 정저우상성에서 두드러져 은허에서 절정에 달한 인신공양 제사는 특히 왕릉구에서 순장과 인간 희생의 두 종류로 나타난다. 각 왕릉의 순장자만 적어도 수백 명이고, 상 후기 200년을 포괄하는 왕릉구의 제사갱에서 현재까지 발굴된 인간 희생도 1만 명 이상에 달한다. 참수된 청년 남성이 희생의 주류를 이루지만 젊은 여성과 어린아이의 온전한 시신도 제사 대상이었다. 남겨진 유골의 상태로 보아 일부 조리되어 먹힌 흔적과 함께 다양한 방식으로 해체 후 매장된 것들이 많았다. 현재까지 발견된 상 후기의 갑골 복사(卜辭)에 기록된 인간 희생 수도 1만 4천 명을 넘는다. 이러한 유력한 증거들이 저자가 강조한 상나라 종교의 핵심에 자리한 인신공양 제사를 입증해 주는 듯하다. 그러나 정저우상성에서 발견된 청동기 매장갱 3기를 상 중기 인신공양 제사에 반한 종교개혁 운동의 증거로 삼은 것(207-213쪽)은 일부 후대의 문헌을 인용하지만 지나친 비약으로 보인다.

　내가 생각하는 고고학 자료 오용의 하이라이트는 1976년 샨

시성(陝西省) 치산현(岐山縣) 펑추촌(鳳雛村), 즉 주족의 근거지 주원 지역에서 발굴된 농구장 세 면 규모의 건물 토대에 대한 저자의 해석이다. 앞의 사례들과 마찬가지로 건축물의 구조나 연대 등에 대한 정확하고 상세한 묘사가 돋보인다. 저자는 이 건물을 문왕의 저택으로 단정하고, 한 걸음 더 나아가 갑골 1만 7,000여 점이 출토된 그 건물 곁방의 지하 토굴을 문왕의 비밀 작업실로 추정한다. 대부분 부서진 귀갑 조각에서 육안으로 확인이 어려울 정도로 작은 글자가 새겨진 것이 282개였다. 따라서 그것들을 문왕이 상나라 왕의 점복 기술을 몰래 익히려고 연습한 흔적으로 파악하는 것이다.(516-521쪽)

    중국에서 동물의 뼈로 점을 친 것은 신석기 시대 이래의 광범위한 관습이었다.* 고고학 자료상에 나타나는 당시의 점복 기술이 상당히 보편적으로 보이기 때문에, 굳이 비밀리에 그것을 습득해야 할 이유가 있었을지 의문이다. 저자가 주목한 주원 갑골문과 비슷한 시기 상나라 갑골문(5기 황조(黃組)복사)에도 작은 글자가 있듯이, 주나라 사람들은 기본적으로 선진적인 상의 방식을 따르며 자신들의 양식을 만들어 나갔을 것이다.** 최근의 고고학 발굴 역시 저자의 추론이 얼마나 성급한 것인지 보여 준다. 2020-2021년 베이징대학 고고문박학원 등은 주원 일대에서 서주 성터를 확인하며, 펑추 남쪽으로 수백 미터 떨어진 왕자쭈이촌(王家嘴村)에서 위의 건물 토대와 비슷한 시기지만 더 큰 규모의 왕자쭈이 1호 건축 토대를 발굴했다. 인근에서 다른 대형 건축의 흔적도 발견한 발굴자

---

* 朴載福, 『先秦卜法硏究』(上海: 上海古籍出版社, 2011).
** 이 글을 읽어 준 갑골문 전문가 김혁(경상대 중문과)은 은허에서 발견된 갑골에 새겨진 복사는 거의 모든 시기에 걸쳐 큰 것과 작은 것이 함께 존재하고, 동일한 각수자(刻手者)라도 글자 크기를 달리하는 경우까지 있다고 한다. 이는 갑골 편폭의 제한 때문에 자연스럽게 형성된 개인적 서사 습관으로, 글자 크기를 서사 작업의 은밀성과 연결시키는 것은 허구적 상상력에 불과하다고 한다.

주원에서 출토된 갑골의 확대 사진.(출처: 『상나라 정벌』, 543쪽, 글항아리 제공)

들은 왕자쭈이 일대가 확실히 문왕 시기에 속하는 선주(先周)의 중
심이었을 것으로 추정한다.*

---

* 北京大學考古文博學院, 「周原發現西周城址和先周大型建築」, 2022年 2月 3日,
https://mp.weixin.qq.com/s/bBJHfzvQ873Ys1-8nokiIQ.

물론 앞으로 새로운 발굴이 이 견해 역시 수정하게 할지도 모른다. 그럼에도 우연히 고고학적으로 확인된 유적의 주인을 일부 정황만으로 역사상의 인물로 특정하고 이를 바탕으로 새로운 이야기의 나래를 펼쳐 나가는 것은 역사학에서 통용될 수 있는 방식이 아니다.

## 고문헌의 함정

고고학 자료에 치중한 책의 전반부까지 온탕과 냉탕을 오가면서도 재미를 유지했다면, 문헌 자료가 주요 증거인 후반부를 읽어 나갈 때는 상당한 인내가 필요했다. 직업병이 발동한 탓이다.

앞에서 언급했듯이 『상나라 정벌』의 핵심 소재인 상나라의 대규모 인신공양 제사는 고고학적으로 어느 정도 확인된 사실이다. 저자는 이 책의 후기에서 아스테카 문명의 인신공양을 소재로 한 영화 〈아포칼립토〉(2006)에서 큰 영향을 받았다고 한다.(886쪽) 혹시 이 영화를 본 사람들은 포로 사냥과 압송, 그 포로를 바친 잔인한 제사의 장면을 떠올려 볼 필요가 있다. 저자는 그러한 생생한 장면들을 통해서 포로를 사냥하여 상나라에 바친 문왕과 공양 제사를 주관한 상의 마지막 주왕(제을)의 모습을 시각적으로 재현할 영감을 얻었을 것이다. 그런데 이 책에서 인신공양이라는 고고학적 뼈대에 살을 붙여 그 영감을 구체화한 일등 공신은 바로 『역경』이라는 문헌이다.

저자는 『역경』을 문왕의 저작으로 본 전통적 해석과 『역경』의 괘사와 효사*에 역사적 의미를 부여한 가오형(高亨, 1900-1986)의

---

\* 원래 시초(蓍草)를 사용해서 점치는 매뉴얼이었던 『역경』은 64괘(卦)로 나누어져 있고, 각 괘 아래 6개의 효(爻)가 달려 있다. 64개의 괘와 384개의 효 각각에 부가된 해당 점괘에 대한 풀이를 괘사와 효사라고 부른다.

영화 〈아포칼립토〉 중 포로를 압송하는 장면.(출처: ㈜이십세기폭스코리아)

『주역고경금주(周易古經今注)』(1948)에 주로 의존한다. 따라서 괘사와 효사에 나오는 상당수 이야기의 명시되지 않는 주어를 문왕으로 가정하고 다양한 상상의 나래를 펼친다. 예컨대,『역경』에 자주 등장하는 용어인 '부(孚)'를 모두 포로로 해석하여 그 글자가 담긴 괘효사들을 문왕이 포로를 사냥하고 상나라로 압송한 경험을 토대로 만들어진 이야기로 본다.(526-542쪽) 인신공양의 고고학 자료가 『역경』의 오독을 바로잡아 준다고 주장하며 고고학 자료와 문헌 자료 결합에 정당성을 부여하는 것이다.

　　중국 고대사 연구에서 고문헌의 내용을 믿을 수 있는지에 대한 이른바 의고(疑古)와 신고(信古) 논쟁은 20세기 초반 이래의 주요 학술 현안이다.* 현재 중국 학계에서 신고 경향이 강해지고 있지만 고문헌에 대한 의심은 중국 고대사 연구자 모두가 품어야 할 기본 태도라고 보는 게 맞다.『역경』이 포함되는 오경을 비롯한 대부분의 중국 고대 문헌은 장기에 걸친 각각의 편찬 역사를 지니고 있

* 심재훈, 「고대 중국 이해의 상반된 시각: 의고와 신고 논쟁」,《역사비평》 65, 2003, 277-300쪽; 심재훈, 「동아시아를 횡단한 의고의 계보와 학술사적 전망」,《동양사학연구》161, 2022, 1-45쪽.

고, 현재 우리에게 전해진 판본들 대부분이 진시황의 분서(기원전 213년)를 겪은 후 기원전 2-1세기쯤에야 형성된 것이기 때문이다.

　더욱이 20세기 후반 이래 전국 시대 초나라 죽간 문헌의 대량 발견은 분서 전 기원전 4-3세기까지도 오경을 비롯한 중국의 다양한 문헌들이 상당히 유동적이었음을 보여 준다. 출토된 『역경』의 사본 중 가장 오래된 것은 기원전 300년경으로 추정되는 상하이박물관 소장 판본이다. 이 사본이 전래된 통행본과 대체로 유사하므로 중국 학계를 중심으로 이 무렵이나 더 이른 시기에 『역경』의 고정된 판본이 존재했을 것으로 보기도 한다. 이를 따른다고 해도 저자 리쉬가 주장하는 『역경』 괘효사의 성서 연대인 기원전 11세기와는 여전히 상당한 시차가 존재한다. 나아가 『역경』 전문가들은 언어학적 분석을 통해 이 책이 기원전 800년쯤 창출되어 그보다 1-2세기 이후에야 최종 형태로 편찬되었을 것으로 본다.* 이 견해 역시 새로운 고고학 자료를 통해 바뀔 수 있겠지만, 현재 중국 학계 일각을 제외하고 『역경』을 문왕의 저작으로 수용하는 연구자는 거의 전무하다.** 『역경』의 괘효사를 특정 역사적 경험에 의한 것으로 간주하는 문제도 마찬가지다. 공자가 육경을 편찬했다는

---

* Edward L. Shaughnessy, *The Origin and Development of the Zhou Changes*(Leiden: Brill, 2022), pp. 22-37. 이 책은 중국어로도 번역되었다. 夏含夷, 蔣文 譯, 『『周易』的起源及早期演變』(上海: 上海古籍出版社, 2022).

** 앞에서 언급한 '부(孚)'에 대해서도, 40년 이상 『역경』 연구에 천착한 에드워드 쇼너시는 자신도 초창기 연구에서 가오헝의 해석을 따라 포로로 보았지만, 다른 사본들을 검토한 현재는 점복의 결과에 대한 점사(占辭)나 험사(驗辭)로 '확인되었다(有孚)' 혹은 '확인되지 않았다(不孚)'로 해석하는 게 더 타당하다고 본다. 전통적 해석인 '신(信)'과 가깝지만, 점을 친 사람이 '믿을 만하다(誠信)'의 의미가 아닌, 신령이 시초(蓍草)를 통해 '점복의 결과가 믿을 만하다'라고 말하는 것으로 이해한다. 점복의 결과가 점을 친 사람의 염원에 부합한다는 의미다(Edward L. Shaughnessy, *The Origin and Development of the Zhou Changes*, pp. 380-383).

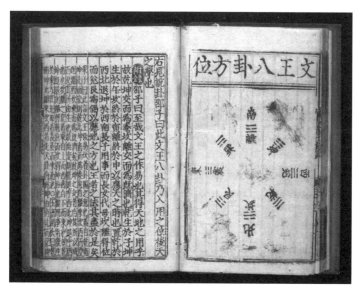

에든버러대학교에서 소장하고 있는 『역경』의 일부 판면. 1440년 목판 인쇄된 것으로 추정된다.
(출처: 에든버러대학교)

견해(육경찬수설)를 따르는 현대 학자 역시 드물 것이다.

지면 관계상 일일이 열거할 수 없지만, 『상나라 정벌』의 후반부에 만연한 문헌 기록의 남용은 『역경』에 그치지 않는다. 이 책을 일종의 역사소설로 간주하지 않을 수 없는 이유다. 특히 저자는 인신공양에 대한 주공의 기억 말살을 유도했다는 핵심 고리인 백읍고의 피살을 전하는 가장 이른 문헌으로 딩저우(定州)에서 발견된 한나라 죽간 『육도(六韜)』를 들고 있다.(686-687쪽) 그러나 그 문헌 역시 실제 사건이 있었을 법한 시기보다 1,000년 정도 이후에야 나온 것이다. 한대 이후 다양한 버전으로 변이된 전설을 감히 상말주초의 사료로 활용하려는 역사가가 과연 얼마나 있을까? 이러한 측면에서 서주 전기까지 청동기의 도철 문양 등 다양한 문화 양상이 상나라의 것을 그대로 이어받고 있는 점을 감안할 필요가 있다. 이를 토대로 공자가 추정한 주공의 예제 개혁이 사실상 서주 후기에야 일어난 의례 개혁으로 보는 견해가 있듯이,* 인신공양의 흔적이 사라지는 것만으로 주공이 주도한 새로운 화하 문명의 탄생이라는 거대 담론을 상정할 수 있을지 의문이다. 오히려 광범위한 지역을 통합해야 했을 신생 주족의 인구 부족 문제 같은 현실적 이유는 없었을까?

## 좋은 역사와 사이비 역사 사이

『상나라 정벌』은 중국 내에서도 상당한 비판을 받았다.** 학계와 대중 사이의 괴리를 보여 주는 이러한 비평은 과연 좋은 전문 역사가가 『상나라 정벌』에 버금가는 베스트셀러를 쓸 수 있을지에 대한 의문에 이르게 한다. 아주 드물게 그런 사례가 있지만, 나는 그 가능성에 대체로 회의적이다. 『상나라 정벌』에 대중들이 호응한 큰 이유는 내가 호평한 고고학적 디테일 못지않게 문헌 기록을 남용함으로써 그 디테일을 살아 숨 쉬게 한 저자의 상상력에 있다고 보기 때문이다.

물론 헤이든 화이트의 '임플롯먼트(emplotment, 일련의 역사적 사건을 줄거리를 갖춘 하나의 이야기로 조합하는 것)' 개념을 극단적으로 끌어올려 역사가 허구라고 합의한다면, 불가능한 일도 아니다. 그러나 진실 추구라는 역사학의 명제를 포기할 수 없다면, 설사 역사가가 완

---

* 로타 본 팔켄하우젠, 심재훈 옮김, 『고고학 증거로 본 공자시대 중국사회』(세창출판사, 2011), 33-34쪽, 88-110쪽.
** 〈아포칼립토〉라는 최신 영화에 의존하여 상상력을 발휘하여 시각 중심주의적 논픽션을 추구한 것에 불과하다는 주장이 있다(李昌懋, 「視覺中心主義的當代性歷史書寫: 論李碩歷史非虛構文本『翦商』」, 《中國現代文學研究叢刊》 2023年 第12期, 85-110쪽). 나와 다른 맥락에서 사료로서 『역경』의 문제를 조목조목 지적한 비평도 있다(馮夷, 「從『翦商』談起: "六經皆史"的限度在哪里?」, 《新京報》, 2023年 2月 20日).

벽하게 객관적일 수는 없더라도, 최소한 증거를 제시하는 데 어
느 정도라도 꼼꼼할 필요는 있을 것이다.* "야만적이고 황량한 상
고 시대에 대해 우리 현대인이 이해할 수 있는 것은 사실상 아주 적
다"(280쪽)는 저자의 말을 굳이 상기하지 않더라도, 자료로 입증할
수 없는 고대사의 많은 영역은 공백으로 놔두는 게 미덕일 수 있다.

　대중의 공감에 관한 한, 역사는 상상의 나래가 허용되는 문학
의 힘에 압도당하기 일쑤다. 중국의 방대한 고고학 자료에 극적 긴
장을 불어넣으며 촘촘한 플롯을 완성한 리쉬의 문학적 재능에 감
탄한다. 저자가 인용한 문헌들의 원문 번역 때문에라도 상당히 난
해한 내용을 요령 있게 쉬운 문장으로 옮긴 역자의 노고도 높이 평
가하고 싶다.** 국내의 독자들이 이 서평에서 제기한 문제의식을
염두에 두면서 고대 중국의 다양한 자료가 빚어낼 수 있는 흥미로
운 이야기의 일단을 즐기길 바란다.

　이 글을 마무리하면서 『상나라 정벌』류의 문학성 역사와 소
위 환빠식 사이비 역사를 구분하는 선은 사회에 끼치는 영향력 여
부에 있지 않을까 생각하게 되었다. 2018년부터 213명의 전문가
가 집필에 참여하여 2022년 완성한 『전라도 천년사』가 사이비 역
사의 영향을 받은 지역 시민단체들의 압박으로 "배포와 폐기의 기
로에 서 있다"고 한다.*** 동북아역사재단에서 지원하던 '하버드 고

---

* G. E. R. Lloyd, "Epilogue", Andrew Feldherr and Grant Hardy ed., *The Oxford History of Historical Writing Volume 1, Beginning to AD 600*(Oxford: Oxford University Press, 2011), p. 607.

** 일부 사소한 문제가 눈에 띈다. 20쪽부터 여러 번 나오는 '後岡'은 촌락 이름이므로 '허우강'으로 표기했으면 좋았을 것 같다. 485쪽의 '고공단보'는 빈 땅으로 간 것이 아니라 빈 땅을 떠난 것이다. 640쪽의 소녀가 자란 지역은 동남쪽 화이허강이, 686쪽의 '정저우' 전한 시기 무덤은 '딩저우(定州)'가, 713쪽의 얼어붙은 화이허강은 황허강이, 851쪽의 서주 초기 궁어국은 어국(敔國)이 맞다.

*** 최명국, 「전남에 주도권 내준 전라도 천년사, '배포와 폐기' 기로에 서다」, 《노컷뉴

대 한국 프로젝트'가 2014년 갑자기 중단되어 국제적 망신을 당한 바 있고,* 같은 재단에서 막대한 예산을 투입하여 제작한 〈동북아 역사 지도〉 역시 2016년 폐기되어 세상의 빛을 볼 수 없었다. 학술 적으로 높은 평가를 받은 두 사업의 폐기 모두 사이비 역사에 경도 된 국회의원들이 주도했다. 서리북

---

스》, 2024년 3월 22일자, https://www.nocutnews.co.kr/news/6115991.
* 하버드 고대 한국 프로젝트의 성과에 대해서는 심재훈, 「구미의 한국 상고사 연구와 하버드 '고대 한국 프로젝트'」,《사학지》52, 2016, 83-107쪽 참조.

심재훈
단국대 사학과 교수로 고대문명연구소를 이끌고 있다. 네이버 프리미엄콘텐츠에서 '역사책의 감동, 역사의 이면'을 연재한다.

📖 역사의 여명기부터 한 제국까지를 포괄하는 이 책은
2012년 출간 당시까지의 고고학 성과를 충실히 반영한
구미 최고의 중국 고대사 개설서다.

"이 책에서는 거대하고 복잡한 조직으로 변모하는 고대
중국의 사회적 발전에 초점을 맞추어 기술하면서 그 발전에
기여한 정치적, 문화적 제도를 살펴보고자 한다. 중국의
자료를 사회 발전의 일반 이론에 적용시키는 것이 아니라,
사회 이론을 이용하여 고대 중국에서의 중요한 변화가
갖는 의미를 추출함으로써 그 문명의 궤적을 일관되게
이해하고자 하는 것이다."—책 속에서

『중국고대사』
리펑 지음
이청규 옮김
사회평론, 2017

📖 20세기 초반 이래 중국의 가장 중요한 10대 고고학
발굴을 현장의 책임자들이 생생하게 서술한 책이다.
중국 학자들이 자신들의 고고 유적을 다루기 때문에 일부
우리식 '국뽕'은 감안해서 읽을 필요가 있다.

"지상과 지하에 사료가 매우 많은 중국은 이집트나 이라크,
이란처럼 외국인에게 도움을 청해 고대사를 편찬할 생각이
없다."
"중국 고고학은 세계 고고학의 일부분이다. 우리는 중국
고고학을 하지만 실제로는 세계 고고학을 하는 것이다."
—책 속에서

『중국고고학, 위대한
문명의 현장』
리링 외 10인 지음
정호준 옮김
심재훈 감수
역사산책, 2021

다시 상상하는 세계의 생명성

# 애니미즘과
# 현대 세계

유기쁨 지음

『애니미즘과 현대 세계』
유기쁨 지음
눌민, 2023

# 애니미즘은 세상을 구원할까?

## 홍성욱

굿하기, 경 읽기, 산천기도, 칠성기도, 달마지, 예방부서(豫防符
書), 성황당(城隍堂), 사자업산신(獅子業山神), 목신, 석신, 용궁, 대
사(大蛇), 황서(黃鼠), 성주(城主), 문신(門神), 무슨 장군, 마누라,
애기씨, 동자, 신장(神將), 대감, 부군, 사신 등의 미신을 연중행
사로 하야, 징, 장구, 북소리는 조선천지를 소란케 한다.*

애니미즘은 동물, 식물, 곤충, 강, 바위, 산 같은 만물에 영혼이 있다
고 생각하는 자연관이다. 과거에는 '물활론(物活論)'으로 번역되고
는 했지만, 지금은 서평의 대상이 되는 『애니미즘과 현대 세계』에
서 보듯이 영어 'animism'을 그냥 쓰는 경우도 흔하다. 어원을 보
면 영혼을 뜻하는 라틴어 아니마(anima)와 '-ism'이 합쳐져서 만들
어진 말이다. 18세기 유럽에서는 인체의 질병이 몸에 내재하는 아
니마의 비정상적인 상태에서 비롯된다는 게오르크 슈탈의 이론을
지칭하는 데 애니미즘이란 단어가 자주 사용되었다. 이런 의미에

* 김경지, 「미신을 타파하라」, 《동아일보》, 1925년 8월 6일자.

에드워드 버넷 타일러의 초상.(출처: 위키피디아)

서 애니미즘은 병의 근원이 육체라는 물질에 있다고 봤던 헤르만 부르하버의 유물론(materialism)과 대비되었다. 이러다가 이 책에서 중요하게 등장하는 에드워드 버넷 타일러 같은 19세기 인류학자가 자신이 조사한 원시 부족의 원시 종교를 설명하기 위해 애니미즘이라는 단어를 사용했다. 애니미즘은 타일러에 의해 지금 사용되는 뜻을 지닌 일상 용어가 되었다.

유기쁨의 『애니미즘과 현대 세계』는 3부로 구성되어 있다. 제1부 '그들의 애니미즘'에서는 주로 타일러의 애니미즘을 비판적 시각에서 소개한다. 타일러는 '무엇이 그들과 우리를 다르게 만드는가?'(왜 그들은 원시적이고 우리는 계몽되었는가?)라는 질문에 대한 하나의 답으로 애니미즘을 지목했다. 이런 질문은 그 자체가 편향된 것이었다. 타일러는 미개한 원시 부족 사회에는 애니미즘이 적절한 종교이자 세계관이었을지 몰라도, 계몽되고 근대화된 19세기 유럽인의 관점에서는 의인화에 기반한 유아적 세계관이라고 보았다. 마치 아이들이 인형과 얘기하는 것과 비슷하다는 것이었다. 타일러의 해석은 문화상대주의를 체화한 지금의 인류학자라면 저지르지 않았을 오류였을 것이다.

'우리의 애니미즘'이라는 제목의 제2부는 애니미즘의 현재 의미를 다룬다. 생태 위기를 경험하는 현대인에게 애니미즘은 인간과 세계의 관계를 다시 보고 경험하는 패러다임 전환이 될 수 있다. 인간과 동물, 인간과 식물, 인간과 곤충, 인간과 환경이 연결되면서, 죽었다고 생각한 외부 세계가 활력으로 가득한 살아 있는 세계로 벌떡 일어난다. 이렇게 애니미즘을 통해 우리는 세상의 생명성과 관계성, 그리고 공동체성에 눈을 뜰 수 있다. 이런 논의를 하는 제2부에서는 동물과 식물에 대해 한 장씩 할애하는데, 동물에 대해서는 자크 데리다, 에두아르도 콘, 에두아르두 비베이루스 지 카스트루의 연구, 식물에 대해서는 마이클 마더, 매튜 홀, 로빈 월 키머러의 철학적 논의가 쉬운 언어로 소개된다. 제2부의 마지막에는 애니미즘 사회의 구성원들이 선물 주고받기에 큰 의미를 부여했다는 얘기가 나온다. 이는 이들이 선물에 영혼 비슷한 생명력이 깃들어 있다고 생각했기 때문인데, 이 선물(물건)은 제2부와 제3부를 연결한다.

마지막 제3부는 '하이테크놀로지 시대의 생명성에 대한 새로운 상상'이다. 저자는 최근 물질에 활력을 부여하는 신유물론과 애니미즘의 유사성을 논한 뒤에, 기계로 넘어간다. 거대한 공장을 돌리는, 혹은 그 속에서 돌아가는 기계는 활기차다. 인간은 활력을 잃어 가고 자연은 죽어 가는 시대에 기계의 생명력을 어떻게 볼 것인가? 저자는 기계에 대한 세 가지 논의—인간보다 더 활기찬 기계, 테크노애니미즘, 트랜스휴머니즘—를 소개한 뒤에, 앞서 논의한 동식물과 기계를 비교한다. 동식물에는 생명력이 있지만, 기계는 자본의 이윤 추구를 목적으로 발전한다는 한계가 있다. 이렇게 보면 기계의 활력은 사실 자본의 활력이다. 기계라는 것은 결코 중립적이지 못하며, 그렇기에 테크노애니미즘은 동식물과 환경에 대한 원시 부족의 애니미즘과는 결이 다른 것이 된다.

> 인간 사회의 뒤틀린 욕망과 사회적 모순이 걸러지지 않은 채 테크놀로지의 산물인 기계를 통해 구현될 경우, 프랑켄슈타인 박사처럼 자신의 창조물과의 뒤틀린 관계 속에서 비참한 파멸을 향해 나아가는 암울한 미래를 상상하지 않을 수 없다. 테크놀로지의 발달과 더불어 인간과 기계의 접합면에서 창발하는 다양한 문제들에 대한 사회적, 윤리적 관심이 필요한 까닭이다.(398쪽)

## 애니미즘을 어디까지 받아들여야 하는가

애니미즘이 생태 위기를 극복할 세계관을 제공할 수 있다는 점에는 마음속 깊숙이 동의하며, 나와 다른 생명체들, 환경, 초월적이고 영적인 존재들과의 관계를 총체적으로 다시 정립해야 한다는 데 전적으로 공감한다. 아니, 기후위기가 피부로 느껴지는 요즘 같은 시대에 인간과 자연의 관계를 생명력이 충만한 것으로 복원하자는 얘기에 누가 감히 토를 달겠는가?

　그런데 한 가지 의문은 애니미즘을 어디까지 받아들여야 하느냐이다. 애니미즘이 충만한 세계에서는 나쁜 영혼이 들어서 사람이 아프다고 생각하는데, 그렇다면 병을 치료하기 위해서는 나쁜 영혼을 쫓아내야 한다. 친숙하지 않은가? 우리나라에서는 무당의 굿이 이런 역할을 했다. 조선 시대 풍습에 머물면 좋겠는데, 만약에 주변의 몽매한 부모가 아픈 아이를 병원에 데려가지 않고 무당에게 데려간다면 어떨까?

책의 저자도 애니미즘 전부를 복원해야 한다고 주장하지 않는다. 오히려 이런 관점과 자기 입장 사이에 분명한 차이가 있음을 밝힌다. 저자는 애니미즘이 아니라, 애니미즘이 열어 주는 세계관, 감수성, 관점을 복원하는 것이 중요하다고 강조한다. "다시 강조하지만, 우리가 여기서 주목하는 것은 비활성 물체를 살아 있다고 착각하거나 상상하거나 믿는 야만인들, 혹은 동식물에게 인간의 속성을 투사하고 사람처럼 여기는 어리석은 유아기적 인간들의 잘못된 믿음에 관한 이야기가 아니다. 낡은 애니미즘 이해를 버리고 인간과 비인간 세계를 다시 연결하는 어떤 태도, 존재론, 생활 방식으로서 애니미즘"(329쪽)인 것이다. 이처럼 저자는 영혼이 아니라 영혼이 이어 주는 관계를 회복해야 한다고 본다. 무생물에 생명을 투사하는 것이 아니라, 관계 속에서 더 나은 사람이 되려는 노력을 중시해야 한다는 것이다. 애니미즘 전부가 아니라, 애니미즘 중에서 우리에게 필요한 부분을 선별해서 취사하는 지혜가 필요하다고나 할까. 책이 강조하는 애니미즘의 감수성은 결국 관계를 소중하게 생각하는 관계적 존재론이다.

그런데 아직도 뭔가 부족하다. "열린 전체로 존재하는 방식에 대한 감각"(184쪽)*을 찾아 다른 존재와의 관계성을 회복한다고 해

---

* 이 구절은 에두아르도 콘, 차은정 옮김, 『숲은 생각한다』(사월의책, 2018), 121쪽에서 재인용한 것이다.

도 여기서 '다른 존재'가 무엇인가에 대한 의문이 아직 풀리지 않았기 때문이다. 책의 저자는 도시 생활을 접고 귀향해서 농촌과 어촌에서 다양한 동물과 식물과 교감하면서 애니미즘의 철학적 힘을 더 확신한 듯하다. 책 여기저기에 등장하는 저자가 마주친 동물과 식물, 그리고 다양한 동물이나 식물과 열린 관계를 맺으며 사는 사람들과의 조우에 관한 에피소드는 책을 읽는 재미를 더한다. 그런데 도시에서 태어나 도시에서 살다 죽는 사람들은 어디서 이런 교감을 형성할 것인가? 도시에서 마주치는 동물은 반려동물이 대부분이며, 가장 많이 접하는 식물은 인공적으로 키워진 가로수일 것이다. 책을 읽고 여행을 다니면서 애니미즘의 감수성을 키워도, SNS와 하이테크의 세상으로 돌아가는 순간 이런 감수성이 적용될 대상은 어디에 있는가?

### '그들의 애니미즘'과 '우리의 애니미즘'

원시 부족 사회를 상상해 보자. 이들이 일상에서 접하는 대상은 가족, 부족의 구성원들, 약간의 가축, 거주지, 공동 공간, 사냥과 채집을 위한 간단한 도구, 동물이나 타 부족의 습격에서 자신을 지키는 무기, 식량, 영역을 공유하는 많은 동물, 식물, 강, 개천, 돌과 바위, 대지, 산, 구름이나 비 같은 자연환경 등일 것이다. 우리가 매일 접하는 존재를 생각해 보자. 7시에 일어나 9시에 출근할 때까지 핸드폰 알람, 온수, 비데, 샴푸와 비누와 치약과 칫솔, 커피, 시리얼, 요구르트, 배달된 우유, 화장품, 향수, 이어폰, 스트리밍 음악 서비스, 아파트, 버스, 교통카드, 지하철, 미세먼지 등등(극히 일부다). 그리고 이 짧은 시간 동안에 거리와 지하철에서 수백 명의 사람들과 마주친다. 마주친 사람들의 99.9퍼센트는 낯선 사람들이다. 이렇게만 봐도 우리의 일상은 원시 부족의 일상과 너무도 다르다.

현대인이 일상적으로 접하는 물건들.(출처: idei.club)

애니미즘은 원시 부족의 세계관이다. 애니미즘이 하등 종교, 유아적 의인화라는 뜻이 아니라, 이들이 매일 경험하는 세상에서 자신의 주변에 의미를 부여한 가장 합리적인 방식이라는 얘기다. 애니미즘이 우리와 잘 맞지 않는 듯한 이유는, 우리가 계몽되고 근대화되어서가 아니라, 우리가 일상에서 접하는 존재들이 원시 부족 사람이 접하는 존재들과 너무나 다르기 때문이다. 지금 우리의 세계관을 그들에게 강요하는 것이 거의 폭력적이고 제국주의적이듯이, 그들의 세계관을 우리에게 온전히 이식하기도 힘들다. 저자의 의도는 동식물과 환경에 생명력을 부여한 그들의 감수성을 가져오자는 것인데, 앞서 말했듯이 우리를 둘러싼 존재들에 이런 감수성을 그대로 적용할 수 있을지 의문이다.

　　하나의 사례만 들어 보자. 우리가 만나는 동물 가운데 집에서 키우는 반려동물 외에도 길에서 만나는 동물들이 있다. 길고양이

에 먹이를 주는 '캣맘' 같은 동물 애호가와 활동가들은 다양한 형
태로 동물을 돕는데, 이런 활동가들이 (물론 일부다) 사람(타인)에 대해
서 무척 냉담하고 닫혀 있는 경우가 드물지 않다.* 우리가 가장 많
이 만나는 존재는 낯선 인간이라는 타자인데, 동물과 같은 눈높이
에서 이들의 생명을 소중하게 생각하고 이들과 소통하는 사람들
이 다른 인간에 대해서 무관심하고 냉담하다는 사실은 이해하기
힘들다. 동물 애호가나 활동가를 나무라는 것이 아니다. 고양이와
강아지를 정신없이 귀여워하는 우리 모두가 2018년 제주도에 도
착한 예멘 난민에 보인 배타적인 태도, 그리고 지금도 이슬람 공동
체에 보이는 배타적 태도는 모순적이라는 말 외에는 표현할 방법
이 없다. 그렇지만 곰곰이 생각해 보면, 우리에게 진정 필요한 것은
이런 낯선 타자들과 함께 살아가는 방식일 것이다.

　문명을 접해 보지 않았던 과거의 원시 부족민이 우리 사회에
툭 떨어졌을 때 무엇을 볼 것인가? 아마 그들이 보기에는 우리가
무척 낯선 존재들에 둘러싸여서, 이런 존재들과 함께 살아가고 있
다고 생각할 것이다. 원시 부족민들은 우리가 24시간 들고 다니는
핸드폰이 우리 몸의 일부라고 이해할지도 모를 일이다. 우리가 인
터넷에 접속해서 정보를 찾고 서핑하는 것을 영적인 세상에서 접
신한다고 생각할 수도 있다. 그들에게 일상적인 것이 우리에게는
애니미즘이라고 범주화되고 개념화되었듯이, 우리에게 일상적인
행위와 관계가 그들에게는 무척 신기하고 낯선 것일 수 있다.

　이렇게 생각하면 우리가 찾아야 할 것이 드러난다. 애니미즘
의 감수성을 배우고 익히는 것은 원시 부족민처럼 느끼고 생각해

---

\* 전의령, 「"길냥이를 부탁해": 포스트휴먼 공동체의 생정치」, 《한국문화인류학》
50(3), 2017, 3-40쪽; 전의령, 『동물 너머: 얽힘·고통·타자에 대한 열 개의 물음』(돌베
개, 2022).

서 동물이나 식물에서 생명력과 활력, 관계성을 발견하는 것이기
도 하겠지만, 더 중요한 것은 우리가 사는 이 세상에서 접하는 존
재에게서 생명력과 활력, 관계성을 발견하는 것이다. 우리 주변의
존재들 대부분은 실험실이 만들어 낸 수만 가지의 사물들이다. 여
기에 문명의 발전 이후에 서로 다른 역사와 문화가 만들어 낸 낯선
인간들이 더해진다. 이들은 우리와 그들의 차이에 대해서 고민하
던 브뤼노 라투르가 개념화한 유사-객체(quasi-object)와 유사-주체
(quasi-subject)들, 혹은 도나 해러웨이가 "테크노사이언스의 자궁에
서 나온 키메라(chimera)들"이라고 칭한 존재들이다.*

　　우리 손가락은 핸드폰을 통해 글로벌한 연결망에 접속해 있
으며, 우리 몸은 미세 플라스틱을 가득 담고 있고, 우리 폐는 미세
먼지를 마셨다가 뱉어 내는 것을 반복한다. 우리 몸은 이미 자연
방사능 수치를 넘어서는 방사성 원소를 담고 있다. 지구를 스캔하
는 외계인이 있다면, 지구인의 몸에 지구에서는 자연적으로 발견
되지 않는 원소인 플루토늄이 존재함을 보고 흥미로워할 것이다.
지금 우리가 자연과 맺고 있는 관계 중 어떤 것은 코미디면서 비극
이다. 지구에 있는 소들이 트림과 방귀로 내뿜는 메탄가스의 총량
은 농업에서 나오는 전체 온실가스의 39퍼센트를 차지한다. 인간
이 맛있게 먹는 이 동물이 내뿜는 트림과 방귀는 생태계 전체를 위
협하는 기후위기를 낳는 무시 못할 원인이다. 소는 가끔 한 마리
씩 잡는 동물에서 대량 도살하는 동물이 됐기 때문에, 자신이 죽이
고 먹어서 자신의 일부가 되는 사냥감에 경의를 표하는 애니미즘
사회의 사냥 제식이 적용되기 힘들다. 내가 어렸을 때는 피가 뚝뚝

---

* Bruno Latour, *We Have Never Been Modern*(Harvard University Press, 1993), pp. 51-
60; Donna Haraway, *The Haraway Reader*(Routledge, 2004), p. 242.

떨어지는 소 다리짝이 고깃집에 걸려 있었지만, 지금 이런 고깃집은 장사하기 힘들 것이다.

지금 우리가 골머리를 앓는 많은 문제의 원인이자, 또 우리의 삶을 지속하는 데 없어서는 안 되는 테크노사이언스의 결과물들. 정말 난처하고 곤란하고 가끔은 사랑스럽고, 그렇지만 위험한 괴물들, 키메라들, 잡종들, 사이보그들. 우리를 닮았지만 피부색과 언어가 다른, 옷과 냄새가 다른, 절하고 기도하는 방법이 다른 낯선 이방인들. '우리의 애니미즘'은 이런 존재들과 우리 사이의 관계를 침울하고 의심 가득한 것에서 생동감 있고 생명력 있는 것으로 만드는 감수성일 것이다. 우리가 '그들의 애니미즘'에서 배울 태도는 이것이다. **서리북**

홍성욱
본지 편집위원. 과학기술과 사회의 관계를 연구하는 과학기술학자. 최근에 행위자 네트워크 이론(Actor-Network Theory)에 대해 그동안의 여러 생각을 정리하기 시작했다.

▄ 안젤라 멜리토폴루스와 마우리치오 랏자라또가 제작한
이 다큐멘터리 형식의 비디오 아트는 2010년부터 전 세계의
도시들을 돌아다니며 개최된《애니미즘》전시를 위해
제작되었다.《애니미즘》전시는 유럽의 베른, 빈, 베를린
같은 도시만이 아니라 서울(2014)에서도 개최되었다.
비디오는 펠릭스 가타리의 철학에 토대를 두고 원시
부족민들의 애니미즘의 현재적 의미, 특히 서구 근대 사회
이후 당연시되던 개인에 국한된 주체성 개념의 재구성
가능성을 탐색한다.

"주체성이란 객체들의 세상과의 관계에서 초월적인 위치에
있는 어떤 것이라기보다 객체들 사이에 존재하는 객체라고
볼 수 있다."—영상 속에서

〈어셈블리지: 펠릭스 가타리와
기계적 애니미즘
(Assemblages: Félix
Guattari and Machinic
Animism)〉
안젤라 멜리토폴루스·
마우리치오 랏자라또 제작,
3채널 영상, 2010

---

📖 '우리는 근대인이었던 적이 없다'고 주장하는 이 책에서
라투르는 근대, 전근대, 탈근대를 보는 완전히 새로운 시각을
제시한다. 근대인인 우리는 자연과 사회를 분리된 것으로
보기 때문에 자연과 사회의 '번역'이나 '잡종화'가 만들어
내는 유사-객체와 유사-주체의 확산을 보지 못한다.
이런 라투르식의 관점에서 보면 우리가 우리에게서 계승해야
할 것과 버려야 할 것, 우리가 그들에게서 받아들여야
할 것과 그렇지 않은 것이 보다 분명해진다.

"전근대인은 우리와 마찬가지다. 우리가 이들을 대칭적으로
바라보기 시작한다면 그들은 근대적 인류학이 전근대인들을
분석했던 것보다 더 훌륭하게 서양인에 대한 분석의 방법을
제공해 줄지 모른다! 혹은 더 정확히 말한다면 우리는
비로소 '우리'와 '그들'이라는 이분법에서 완전히 벗어나서,
근대인과 전근대인의 구분까지도 폐기할 수 있게 된다."
—책 속에서

『우리는 결코 근대인이었던
적이 없다』
브뤼노 라투르 지음
홍철기 옮김
갈무리, 2009

이마고 문디

디자인 리뷰

북 & 메이커

서울
리뷰 오브
북스

이마고 문디

1960년대 신도안. 계룡산 아래 대전 방향의 분지이자 현재의 충청남도 계룡시로, 태조 이성계가
도읍지로 선정하여 '새 도읍'이란 뜻의 신도안(新都案)이라는 지명이 생겨났다. 풍수도참설과
민족종교, 신종교 등에 의해 이상 사회의 중심지로 믿어졌다. 이곳에는 일제 시대 이래 수백 개의
종교 단체가 창궐했다. 1984년 육해공 삼군 통합 본부 계룡대의 주둔으로 대부분의 주거 시설과
종교 시설은 철거되었다. (출처: 계룡시청 권태영 제공)

# 믿음과 단체 사진:
# 박찬경의 〈신도안〉에 대하여

## 현시원

### 두 개의 신도안

오늘날 주술은 하나의 패션이다. 누구나 사주팔자에 능통한 친구 하나쯤은 주변에 있다. 2024년 주술은 스마트폰 메신저를 통해 카카오톡식의 질의응답, 백문백답 형식으로 문자화·세속화되어 있다. 조선 시대 『정감록』에 담긴 주술은 영토화되어 있다. 『정감록』에 예언의 땅으로 등장했던 계룡산은 2008년 작가 박찬경에 의해 6채널 영상 작업 〈신도안〉(2008)에 다시 등장한다.

작가 박찬경은 한국의 현실에 대해 말을 걸어 온 미술가다. 1997년 첫 개인전 《블랙박스: 냉전 이미지의 기억》(금호미술관) 이후 한국의 분단, 정치적 상황에 관해 질문하는 다양한 영상, 사진 작업을 폭넓게 전개해 왔다. 그는 작업뿐 아니라 미술 비평과 작가론 등의 다양한 글쓰기를 진행하는 한편, 큐레이터로 SeMA 비엔날레 미디어시티서울 2014 《귀신 간첩 할머니》를 기획했다. 특히 이 글에서 살펴보고자 하는 영상 〈신도안〉을 발표하면서 작가는 한국의 민간 신앙을 통해 근대성을 해석하는 작업에 집중했다. 영화 〈다시 태어나고 싶어요, 안양에〉(2010)와 〈만신〉(2013), 3채널 영상

〈시민의 숲〉(2016) 등에 작가가 〈신도안〉에서 질문했던 내용이 지속된다. 2019년 국립현대미술관에서 열린 전시 《모임 Gathering》에는 한국 근현대사와 미술사, 전시 만들기와 보기를 관통하는 미술가로서의 그의 질문이 집약되었다.

　　박찬경의 영상 〈신도안〉은 하나의 세계다. '〈 〉'를 떼어 낼 때 신도안은 계룡산 부근 지역을 일컫는 이름으로서 현실에 존재한다. 신도안이라는 글자 앞뒤로 '〈 〉'가 붙을 때 그것은 박찬경의 작업이 된다. 6채널 영상 작업과 사진, 글쓰기를 포함하는 일련의 작업. 2008년에 제작되어 아뜰리에 에르메스에서의 개인전에 선보였고 지금은 대전시립미술관에 소장되어 있다. '〈 〉'를 뺄 때 그것은 하나의 사건이자 여러 층위의 공간이다. 일부 집단이 만들고자 했던 새로운 풍경이며 고유명사가 된 보통명사(새로운 도읍)다.

　　『한국민족문화대백과사전』은 신도안이 언제부터 신도안이었는지 알 수 없다고 적는다. 수많은 "기록과 전설"이 있다고 쓰며 여러 개의 사실들을 나열한다. 조선 시대부터 이어져 온 신도안의 형성 과정보다 철거와 해산의 이유를 알기 쉽다. 1975년 계룡산국립공원화 사업, 1983년 육해공군 통합 본부 계룡대 건설이 추진되면서 신도안에 위치했던 대부분의 종교 시설이 철거되었기 때문이다.* 1983년 철거 당시 신도안의 거주민은 약 5,800명이었는데 각 종교의 신도 수는 약 5,400명이었으니 400여 명을 제외한 거주민 모두가 종교를 믿었다.

　　계룡산을 향해 차가 빠지듯 들어가면 이 지명의 실체가 눈앞에 드러난다. '신도안(新都案)'으로 불리고자 했던 곳이다. 충청남

---

* 한국학중앙연구원, 「계룡산 신도안(鷄龍山 新都案)」, 『한국민족문화대백과사전』, https://encykorea.aks.ac.kr/Article/E0003091.

신도안 종교 시설들이 철거될 당시의 모습. 종교 시설은 물론 주거지도 대부분 철거되거나 주변으로 이전되었다.
(출처: 계룡시청 권태영 제공)

도 대덕군·공주시·논산시의 경계에 있는 높이 826미터의 국립공원 계룡산에 위치한다. 이곳에 와서 살고자 했던 사람들의 머릿속에 있는 신도안은 애초부터 거기 존재했던 곳은 아니었다.〈신도안〉속 검은 화면 위 흰 자막이 전달하는 신도안의 역사는 '갈라져 나온'이라는 말로 요약할 수 있다. 손병희의 천도교에서 갈라져 나온 시천교의 교주 김연국은 1924년 신도안에 자리를 잡았다. 이때 2,000여 명의 신도들을 이끌고 여기로 왔다. 1983년 지속될 때까지 상제교, 천진교 등으로 여러 번 이름을 바꿨다는 사실도 흥미롭다. 믿음의 변화 과정이랄까, 통합된 믿음의 형국은 불가능하다는 일종의 분열성을 보여 주는 곳이 신도안이다.

박찬경의〈신도안〉은 여러 자료를 등장시키지만 신도안을 자료화하지 않는다. 영상은 '삼신당', '영가무도', '시천주', '쿠베라', '계룡산 연천봉' 등으로 구성된다. 그의 작업은 신도안의 전경을 좌우 사진으로 보여 주지만 어떤 사실도 총체적으로 다루지 않는다. 작가가 배치한 자료들과 촬영한 장면들을 따라가다 보면 20세기 한국을 배경으로 한 여러 분열된 현실이 겹쳐 보일 뿐이다. 영상 〈신도안〉은 신도안과 관련한 실제 사건과 허구, 픽션화된 실재 등을 무심하게 제시한다. 영상 안에는 자료 사진과 더불어 영화 〈계룡산〉(1966), 〈KBS 뉴스〉(1976), 〈그것이 알고 싶다〉 '계룡산 사람들' 편(1997), 계룡군(軍)문화축제 홍보 영상(2007) 등 40여 년에 걸쳐 만들어진 신도안 관련 자료 영상이 등장한다. 이러한 자료들은 근래 등장한 넷플릭스의 종교 관련 다큐멘터리가 요리해 주는 장면들처럼 선과 악이 분명한 징벌의 후일담이나 일화를 말해주지 않는다. 어떤 면에서 신도안에 대해 관객은 더 알 수 없게 되고, 음악을 맡은 장영규의 사운드가 내는 금속성의 빠르고 느린 움직임을 따라 우리가 보게 되는 것은 여전히 신도안 부근에 살고 있는 사람들이 걷는 뒷모습, 영가에 리듬을 맞추는 발동작이다.

특정 공동체가 꿈꾸었던 곳, 기존 질서를 뒤바꿔 보고자 했던 곳. 신도안에 사는 이들에게는 땅이 필요했고 땅 이상으로 '지명'이 중요했다. 왜 이름이 중요할까. 애초에 처음부터 세상에 존재했던 이름은 없기 때문이 아닐까. 입에서 입으로, 몸에서 몸으로 그 이름이 불리면서 다른 의미가 달라붙는다. 처음 물리적인 대상에 기반해 착안되었던 이름은 시간이 지날수록 아예 다른 정신적인 것이 되고는 한다. 마치 '신도안'이라는 지명이 계룡산 부근의 땅을 허공과 지상에서 동시에 다루는 것처럼 말이다.

작가는 신도안을 건설하고자 했던 이들의 믿음과 시간이 지난 후 그 세계 바깥으로 빠져나온 이들의 의심을 바라본다. 그런 점에서 〈신도안〉은 믿음과 회의를 다루는 작업이다. '당시의 믿음'이라고 믿음의 유통기한을 명기할 때, 철 지난 통조림 캔처럼 견고한 틀에서 바람 빠지는 소리가 들리는 듯하다. 그러나 작가는 외

새마을 운동의 일환이었던 미신 타파 운동으로, 일부 무속인은 스스로 미신 타파에 앞장서는 모습을 취하기도 했다. 사진은 산신도를 불태우는 장면이다.(출처: 계룡시청 권태영 제공)

부 세계의 세속성과는 무관하게 행해지고 있는 믿음의 지속성을 바라본다. 〈신도안〉은 여전히 누군가 무엇을 믿거나 특정 종교에서 탈출/각성했다기보다는, 새벽 정령 가득한 가운데 아직 어두운 산속으로 들어가 기도하는 개인의 모습을 비춘다. 또 새마을 운동이 본격화하는 시기에 제작된 이강천 감독의 영화 〈계룡산〉의 장면을 삽입함으로써 지팡이를 든 교주를 미치광이 화신으로 진지하게 엄벌하는 과거의 시각을 개입시킨다. 작가의 글 「〈신도안〉에 붙여: 전통과 '숭고'에 대한 산견(散見)」에는 전통과 숭고라는, 그가 오래 생각한 개념이 등장하지만 그보다 중요한 것은 경험에 의거한 문장이다. "집단적으로 유토피아를 추구하는 것은 부패하기 쉬우며 위험하지만, 그것을 꿈꾸는 것은 모두의 권리이다."[*]

---

[*] 박찬경, 「〈신도안〉에 붙여: 전통과 '숭고'에 대한 산견(散見)」, 김항 외, 『레드 아시아 콤플렉스』(국립현대미술관·현실문화A, 2019), 168쪽.

계룡산 갑사.(출처: 박찬경 제공, 사진 촬영: 최원준)

## 눈앞의 신도안

지금 내 눈앞에 놓인 〈신도안〉은 박찬경의 전시장에서 6채널로 상영되었던 영상들이 합해진 40여 분짜리 영상이다. 2024년의 시점에서 〈신도안〉은 보다 '현실적인' 영상 작업이 되었다. 오늘날 주술, 미신은 넷플릭스 인기 다큐멘터리의 대중적 코드이자 정치경제적 결정권을 지닌 권력자들의 친한 이웃(정신적 지주)이다. 작가의 영상 작업은 역사적 '사실'에서 출발했다. 앞서 적었듯 신도안이라는 지명의 지층에 쌓인 역사적 사실과 사람들의 각성, 그리고 작가의 관점이 교차한다. 영상 〈신도안〉에서는 실제 새로운 믿음 공동체를 건설하리라 믿었던 사람들의 여정과 실천이 이질적인 서로를 바라본다. 이질적인 것들이 여러 시간대를 통과한다.

박찬경의 〈신도안〉에 담긴 신도안, 계룡산 자락은 여러 번 변화한다. 신도안을 둘러싸고 일어난 변화의 기록은 계획하기의 무모함과 추상성을 여실히 드러낸다. 카메라가 흑백 사진을 가깝게

계룡산 향적산방.(출처: 박찬경 제공, 사진 촬영: 최원준)

비출 때 나는 마치 이 마을 안으로 들어가는 착각이 든다. 한편 역
사적 순간들의 단편적 전달 속에서 신도안을 꿈꾸었던 이 지형지
물은 한국 근현대사의 정치 제도와 결부되어 바깥 세계의 프레임
안에 포섭된다. 예를 들면 건조한 서체로 적힌 자막이 전하는 이러
한 사실들. 첫째, "신도안의 민속신앙과 신종교는, 조선총독부의
철저한 조사와 감시의 대상이 되었다. 총독부는 신도안의 종교 시
설에 대한 정밀한 사진 기록을 남겼다." 작가의 〈신도안〉이 의식
하는 역사적 사실은 멀리까지 간다. 영화 속 검은 화면 위의 흰 글
씨는 견고하고 건조하게 이 마을이 조선 태조 이성계의 의지와 연
결되어 있음을 전한다. 둘째, 흑백이 아닌 컬러 사진과 함께 등장하
는 사람들의 움직임은 계룡산 자락에 계속하여 외부의 인물들이
침투하는 순간을 보여 준다. 1970-1980년대 새마을 운동에 따른
국토 개선 사업에 의해 미래를 향해 변화하는 계룡산과 군부대 홍

조선총독부가 남긴 신도안의 종교 시설에 대한 사진 기록.
(출처: 계룡시청 권태영 제공)

보 영상이 현란하고 전형적인 사운드와 함께 등장한다.

박찬경의 〈신도안〉에서 내게 가장 흥미로운 장면 중 하나는 궁궐 공사를 위해 가져다 놓았으나 아직 남아 있는 주초석이다. 간판보다 흥미로운 돌덩어리. 아무런 흔적도 새기지 못하고 실패한 큰 돌. 땅에 숱하게 밟히는 돌덩어리보다는 좀 더 큰 이 바위들은 새로운 지형지물을 만들기 위해 이동되었다가 오랜 시간 버려져 있다. 주초석은 태조 이성계뿐 아니라 예언서 『정감록』에도 기대어 있다. 『정감록』은 조선 왕조 400년 이후, 정씨 성을 가진 이가 통치하는 새로운 왕조가 계룡산 자락에 세워질 것이라고 예언했다. 주초석의 운명은 예언과 달랐다. 사람들이 모여서 만들어 낸 조각, 공간의 기운을 받들기 위한 당대의 공공 미술은 정치적 실현으로 이어지지 못했다.

특정 종교의 흥망성쇠, 외부로부터 오는 정치 제도적 변화 속에서 변하지 않는 사실은 신도안이 계룡산 자락에 있다는 것이다. 왜냐하면 산은 움직이거나 변화하지 않기 때문이다. 우리가 계룡산 '자락'이라고 말할 때 자락은 산 안에 위치하는 공간이 아니라 산이 보이는 어떤 특정한 풍광을 뜻한다. 산이 뒷배경으로 펼쳐지는 어떤 극장. 거대한 카메라로 지형의 전경을 촬영할 때, 그 산은 주인공이 아니라 배경이지만, 괄목할 만한 사건·사고의 중추적 뼈대를 제공하는 전조이자 기운의 발원지여야 한다. 산은 한국적 주술과 미신적 풍경에서 언제나 빠지지 않는다. 작가 박찬경이 이 작업을 하며 쓴 「〈신도안〉에 붙여: 전통과 '숭고'에 대한 산견(散見)」에서 밝히고 있는 것처럼. 어쩌면 이 모든 것의 시작은 실제 산을 목격했던 작가의 '우연'을 가장한 발견에서 비롯한다. 그는 이 글 안에서 작가로서 가져왔던 오랜 질문을 따라간다.

> 우연한 기회에 마주친 계룡산을 보고 알 수 없는 충격에 휘말린 적이 있다. 눈 덮인 계룡산은 만월의 빛을 받아 한밤중에도 전모를 드러냈다. 국내의 다른 큰 산들이 산맥에 묻혀 전모를 보기 어려운 것과는 달리, 계룡산은 소위 '평지 돌출형' 산이어서, 멀지 않은 거리에서 산 전체와 마주할 수 있다. 물론 백두산이나 히말라야, 알프스에 가면 더 큰 충격을 받을지 안 가봐서 모르겠지만, 내게는 이미 그것으로 충분했다.*

〈신도안〉에서 주초석만큼이나 흥미로운 또 하나의 장면은 돌덩어리처럼 굳은 표정으로 정면을 응시하고 있는 집단-초상 사진이다. 몇 줄짜리 신문 기사로 잡히지 않는 순간으로 들어가게 된다.

---

\* 같은 글, 157쪽.

1960년대 신도안 종교 단체.(출처: 계룡시청 권태영 제공)

사진에 담긴 사람들은 사물처럼 굳어 있다. 특히 이 단체 사진 속
에서 신도안을 꿈꾸었던 사람들은 이상한 모양의 장치들을 공유
한다. 별 모양의 모자나 똑같은 옷을 입고 '단체 사진'을 찍었다. 믿
음의 실천에서 이들은 행동의 구체성이 부족했을지, 어쩌면 너무
도 투명하고 선명한 계시를 따랐는지 모르겠다. 조선 말, 묘향산에
서 기도하던 백옥성이 계룡산신의 계시를 받아 이곳으로 옮겨 온
것처럼 사람들의 운명은 계룡산의 운과 결합된다. 영상 안에서 계
룡산 삼신당의 주인 김정심이 50여 명의 난치병 환자를 치료했고
그 치료비는 훼손된 삼신당 복원에 사용되었던 것처럼 말이다.

## 목소리를 듣기

박찬경의 〈신도안〉은 특히 작가가 촬영한 장면들을 통해 망상의
공동체에서 남은 개인을 비춘다. 영상에서 주목하는 몇몇의 개인
들은 어두운 산속을 걷는 뒷모습으로 포착된다. 작가는 여전히 영

가를 연습하며 신과 가깝게 명상하는 가부좌 튼 모습을 보여 준다. 신도안은 특정한 지형지물을 기반으로 하는 기대의 공동체다. 카메라는 계룡산 자락에 위치했던 수천 개의 종교 집단들 대신 개인들을 궁금해한다. 그리고 여전히 영상이 만들어진 시점에 살아남은 개인들의 발자취를 따르는 것이다. 이동하는 차의 창밖으로 향하는 카메라는 여전히 이름들을 포착한다. 하나의 이름이 아닌 여러 개의 이름이다. 계룡산 용화사 연화굿당, 단군성전, 해운암, 사랑의 씨튼 수녀회와 씨튼 영성의 집. 말뚝을 박듯이 거리에 새겨진 간판은 여전히 흩어진 이름들을 보여 준다. 수천여 개의 종교가 다른 지도자들을 모셨던 이질적 땅이다.

　이 글은 〈신도안〉이 그리는 도안의 구체성과 실패, 낡은 종교가 새로운 정치를 이기지 못하고 파멸하는 과정을 그 이름에 주목해 들여다보았다. 청소년 시절 텔레비전 뉴스에서 보았던 '아가동산' 소식은 가히 인상적이었다. '특정한 공동체의 규율'이라고까지는 생각하지 못했지만, 강강술래를 하며 한복을 입은 사람들이 경건하고도 요상하게 춤을 추었다. 숭고라는 단어와 전통이 붙을 때, 땅을 영토화하고자 하는 사람들의 '동산'에 대해 생각해 볼 필요가 있다.

　여러 이미지들은 작가가 마지막 섹션 '계룡산 연천봉'에서야 비로소 등장시키는 '퍼포먼스 기록 영상'에 수렴된다. "가까운 미래, 계룡산에 피신하여 살아남은 청년들이 연청봉에 올라 의식을 치른다"라는 자막과 함께 등장하는 장면이다. 야심 찬 것과 순수한 것, 작가의 〈신도안〉은 자신의 시간과 여정을 가져다 바친 개인들의 어떤 순수함을 발견하고자 한다. 영상 마지막 장면에 각기 다른 옷을 입은 개인들이 모여 느린, 일종의 강강술래를 추듯이 걷는 장면이 인상적이다. 바위산 위에서 이들은 각자의 코스튬을 하고

〈신도안〉 촬영 장면.(출처: 박찬경 제공, 사진 촬영: 최원준)

한국 근현대사에 등장했던 많은 역사적 사건들, 그리고 이를 반성
했던 미술가들의 작업을 이미지적으로 오마주한다. 오윤의 〈원귀
도〉(1984), 민정기의 〈포옹〉(1981)의 이미지가 영상 〈신도안〉의 마지
막 장면에 이렇게 저렇게 미완으로 겹쳐진다. 사람들이 손을 잡고
행렬하며(〈원귀도〉), 두 남녀가 바위 위에서 포옹하고 있는(〈포옹〉) 그
림들 말이다. 서리북

현시원
본지 편집위원. 큐레이터로 이미지에 관한 글을 쓰고 전시 공간 '시청각 랩'을 운영한다.
2024 창원조각비엔날레 예술감독이다.

📖 에리카 발솜은 이 짧은 책에서 바다와 역사, 영화의 관계를 탐구한다. '대양의 느낌(oceanic feeling)'은 지그문트 프로이트가 『문명 속의 불만』에서 로맹 롤랑의 개념을 인용한 것이다. 1장 자연 그대로의 바다, 2장 헤아릴 수 없는 깊이, 3장 연안 노동, 4장 바다는 역사다, 5장 해양 자유론에 등장하는 각각의 작업들 또한 흥미롭다.

"왜 정신적 삶의 격정적인 예측 불가능성을 시적으로 재현하려는 영화 제작자들에게 바다의 도상학이 이다지도 매력적일까? 아마도 바다의 가변성과 예측 불가능성이 인간의 주체성과 관련이 있기 때문일 것이다. 물을 중심으로 세계를 표현한 초현실주의자들의 지도가 서로 밀접하게 관련된 개념인 과학적 정밀성과 자본주의적 기술관료주의에 반기를 든 것처럼, 바다의 무질서함은 헤게모니적 가치관의 적정률(decorum)과 합리성에 도전한다. 바다는 모든 것을 원상태로 돌린다."—책 속에서

『대양의 느낌』
에리카 발솜 지음
손효정 옮김
현실문화, 2024

📖 〈신도안〉은 영상에 등장하는 단체 사진 외에는 종교를 믿었던 이들에게 '왜'라고 질문하지 않는다. '무엇을' 또는 '왜'라는 질문 대신에 그들이 '어떻게' 종교와 함께 있는가를 살펴본다. 이 책은 1630년대 프랑스 남부 루됭의 어느 수녀원에서 일어난 사건을 다룬다. 다양한 이해관계가 충돌하고 아수라장이 된다. '타자의 형상'은 귀신, 타자, 신들린 자를 어떻게 재현할 것인가 하는 문제를 다뤄 왔던 이미지의 문화사와 밀접하게 연관된다.

"'실제로 무슨 일이 일어났는가'와 '그것을 어떻게 말할 것인가'라는 두 질문은 사실은 하나이며 어떤 공통의 장소의 존재를 가리킨다. 이 이야기의 수수께끼는 마귀들림에 대한 단일한 담화가 가능하냐는 것이다. (……) 피안의 말들은 이제 어떤 지옥의 장소를 설정하지 않는다. 사람들이 이 말들을 갖겠다고 서로 다투고 상이한 지적 체계들이 차례로 이 말들을 접수하면서 이 피안의 말들은 어떤 장소—토론의 대상일 뿐 아니라 차후 이 말들을 해결할 원칙인 장—를 가리킨다. 그 장소는 바로 광장이다."—책 속에서

『루됭의 마귀들림』
미셸 드 세르토 지음
이충민 옮김
이성재 감수
문학동네, 2013

사건으로서의 번역

구정연

『영화작가들과의 대화』의 영어판과 한국어판. (출처: 스펙터 북스; 미디어버스)

## 하나의 사건

2018년, 리투아니아 출신 미국 독립 실험영화 감독 요나스 메카스의 책이 독일의 소규모 출판사 스펙터 북스(Spector Books)에서 출간되었다. 1958년부터 1977년까지 뉴욕 지역 주간지인 《빌리지 보이스(Village Voice)》에 요나스 메카스가 기고한 '무비 저널' 칼럼 가운데 일부를 엮어 낸 책으로, 전 세계 영화작가들과의 인터뷰가 실려 있다. 2022년 요나스 메카스 탄생 100주년을 기념하며 리투아니아 문화 번역 지원 프로그램의 일환으로 2023년에 한국에서 번역·출간되었고, 이후 중국어판이 나왔다. 한국어판이 출간되고 4개월이 지날 무렵, 스펙터 북스로부터 국내 출판사에 연락이 왔다. 한국어판 디자인에 관한 이유에서였다. 원서를 디자인한 팀(파비안 브레머, 파스칼 스토츠)에서 한국어판 디자인이 본인들의 것과 유사하다며 불편을 표했기 때문이다. 2023년 10월, 베를린 아트북페어 미스 리드(Miss Read)에서 스펙터 북스 관계자를 만났고, 이런저런 이야기를 하다가 결국은 하나의 해프닝으로 마무리가 되었다.

## 디자인을 옮기는 태도

책이라는 매체는 예술 작품과 달리 서로 다른 언어로의 번역이 가능하다. 원저작권자로부터 저작물 번역에 대한 공식적인 동의를 얻는다면, 누구든 번역 저작물을 생산할 수 있다. 여기에 원저작권자의 권리를 해하지 않는 범위에서, 혹은 창작자의 합의로 저작물은 단순 번역을 넘어 기존과 다르게 편집되거나 새로운 내용이 추가되기도 한다. 아무리 번역에 정성을 들인다고 하더라도, 출발어의 특징을 그대로 반영해 도착어로 온전하게 옮겨 낸다는 것은 사실상 어려운 일이다. 그런 이유로 번역본은 2차

저작물로서 그 자체로 고유의 저작권을 획득하며, 그 번역본을 재수록하거나 일부 사용할 시 번역 저작권자의 동의가 있어야 한다.

번역이라는 행위를 통해 하나의 책은 서로 다른 언어의 판본으로 존재한다. 그렇다면 디자인에 대해서도 번역을 이야기할 수 있을 것이다. 번역된 책은 서로 다른 물성을 지니게 된다. 책 제목, 부제만 해도 표지에 각기 다르게 옮겨져 표기되며, 표지 디자인은 말할 것도 없다. 모든 번역에는 원본을 배반하는 실수가 발생하기 마련이다. 원문 중심의 직역을 하더라도 의미 전달에 문제가 생길 수 있고, 또 도착어를 고려해 지나치게 생략하거나 의역함으로써 오역이 될 수도 있다. 그러면 하나의 책이 번역될 때 그 물리적·시각적 형태는 어떻게 번역될까. 추측해 보건대, 해외 출판사가 별도의 디자인 지침을 제공하지 않는 한, 도서의 저작권을 수입한 출판사는 도착어의 지역 실정과 독자를 고려해 다른 디자인을 하거나 출발어에 딱 맞춰진 디자인을 그대로 살리는 방향으로 제작하지 않을까 싶다.

이 글의 시작점이 된 세 권의 요나스 메카스 책을 살펴보자. 시각적인 톤은 유사해 보이나 물리적인 판형과 제본에서 서로 약간씩 차이를 두고 있다. 원본 영어판은 21.2×30.5센티미터, 한국어판은 18.2×25.5센티미터, 중국어판은 19.5×28.2센티미터로, 새로운 판본들의 크기는 원본보다 꽤 작게 만들어졌다. 영어판과 중국어판이 사철제본인 반면, 한국어판은 무선제본으로 제작되었다. 그럼에도 기본 톤은 블랙 앤드 화이트로 유지되며, 검은색 사각 박스에 배열된 책 제목 "CONVERSATIONS WITH FILM-MAKERS"는 언어를 달리하지만 모두 흰색의 굵은 고딕체와 대문자로 표기되었고,

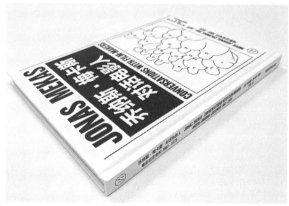

『영화작가들과의 대화』의 세 가지 판본. 위부터 영어판, 한국어판, 중국어판. (출처: 스펙터 북스; 미디어버스; 구정연 제공)

부가적인 자료 이미지가 표지 하단에 각기 다르게 배열되었다.
뒤표지의 경우, 영어판은 세 개의 단, 한국어와 중국어는 두 개의
단으로 레이아웃이 설정되어 인터뷰한 감독 명단이 세로로
배열되어 있다. 원서의 표지와 내지 모두 신문의 조판 스타일을 디자인
요소로 끌어와 헤드라인에 사용되는 서체를 사용해 가독성을
높이고, 여러 단 구성을 통해 공간 배분을 최적화했다. 표지의
제목처럼 내지의 소제목들 역시 매우 직관적이고 간결하고
강인하다. 일부 스틸 컷은 좀 더 가볍고 매끈한 유광 종이에
컬러로 인쇄되어 텍스트 부분과 확연하게 다른 질감과 색감을
전달한다. 마치 도서관 장서용으로 제작된 것처럼, 낱장의
잡지 기사와 이미지가 하나의 묶음으로 단단하게 엮여 있다.
한국어판은 상대적으로 작은 판형과 무선제본에 날개 없는 얇은
표지로 더욱 가벼운 느낌을 준다. 반면, 중국어판은 원본의 내지
스타일과 제작 사양을 거의 그대로 반영했다고 할 수 있다. 제본
방식을 비롯해 종이 질감 역시 유사했고, 내지의 가장자리가
울퉁불퉁한 것을 볼 때 신문을 인쇄하는 윤전기로 제작했음을 알
수 있다. 서로 다른 판본에서 특히 표지가 전달하는 정보값은 일부
다르게 배치되고 새롭게 편집되기도 했는데, 중국어판의 경우
흑백 자료 이미지를 사용하는 대신 사람들의 실루엣이 군집한
일러스트레이션을 가운데 삽입하여, 해당 인물이 누구인지에
대한 궁금증을 자아내도록 만들었다. 한국어판에서는 부제인
"무비 저널 칼럼 1961-1975"가 왜 삭제되었는지 여전히
의문이지만, 저자명과 제호는 모두 국·영문 혼용으로 강조해서
원서와 일견 더 가깝게 느껴진다. 각 출판사의 규모와 예산에 따라

『영화작가들과의 대화』의 세 가지 판본의 앞표지. 위부터 영어판, 한국어판, 중국어판.(출처: 스펙터 북스, 미디어버스, JZZP)

『영화작가들과의 대화』의 세 가지 판본이 두표지. 위부터 영어판, 한국어판, 중국어판.(출처: 스펙터 북스; 미디어버스; JZZP)

모든 판본은 다르게 편집, 디자인, 제작되었을 테지만, 이 세 권을
나란히 놓았을 때 보이는 시각적 유사성은 언어적 다름을 넘어
매우 도드라져 보인다.

　원작에 대한 명백한 출처 표기 없이 이미지나 레이아웃을
무단 복제하는 것은 명백한 표절 행위가 되겠지만, 디자인적
유사도를 두고 이를 판단하기란 쉽지 않다. 특히나 예술 혹은 독립
출판물 번역에서 디자인의 위치는 더욱더 애매하기 마련이다.
텍스트 번역에서 가장 중요한 덕목이 원전에 대한 충실성, 원문
중심의 번역이라면, 이런 충실성은 디자인 번역에도 적용될
수 있다. 바로 원작의 디자인을 새로운 번역본에 어느 정도
반영하려는 태도가 그러하다. 누군가는 이런 현상 혹은 사건을
일종의 아시아적 감성, 존경의 태도로서 이해해야 한다고 말한다.
하지만 아시아적인 것을 떠나 이런 태도는 오히려 원작 디자인과
디자이너의 저작성에 대한 일종의 존중이라 말할 수 있고,
그 배경에는 '저자로서의 디자이너'라는 개념에 대한 암묵적인
합의와 전제가 자리한다. 한 권의 책에서 '텍스트 저자'와 '디자인
저자'는 각각의 자율성을 전제로 창작 활동을 할 수 있으며,
또 어떤 차원에서는 분리된 영역에 놓여 있다.

　한국어판을 디자인한 그래픽 듀오 신신은 "오리지널
디자인의 매력과 책의 재미를 국내 독자들에게 잘 전달하기
위해 원서의 디자인 요소를 계승하면서도 크고 작은 변주를
더했다"라며 디자인 의도를 밝혔다.* 여기서 확인할 수 있는 것은
책(디자인)이 오리지널리티를 갖고 있는 대상이라는 점이다. 무엇이

---

* 유다미, 「시선 붙잡는 '작은 책'의 실험… 독자를 유혹하다」, 《한겨레》, 2023년 6월
24일자, https://www.hani.co.kr/arti/specialsection/esc_section/1097291.html.

적합한 번역인가에 대한 답을 찾을 수는 없지만, 오리지널한 디자인과 연결되려는 시도가 부적합한 번역이라고 말할 수도 없을 것이다. 오히려 이런 부분적인 연결을 통해 원서의 디자인을 잘 읽어 내려는 시도, 또 그것을 토대로 지역의 상황에 맞춰 새롭게 소통하려는 시도 그 자체가 중요하다.

## 번역의 열린 구조를 향해

몇 년 전, 부산 보수동 책방 골목에서 구매한 H. H. 애너슨의 『현대미술의 역사』는 번역이라는 행위 방식과 태도에 대한 여러 질문거리를 던지는 책이었다. 이 책을 옮긴 미술 평론가 이영철은 현대 미술의 흐름을 시각적으로 살펴볼 수 있는 화집의 부재를 아쉬워하며 그저 책을 번역하는 것을 넘어서 원본 번역물에 덧대는 도록집을 만들었다. 그리고 이를 하나의 세트로 묶어 판매했다. 자신이 번역한 책이 한국에 도달했을 때 현대 미술에 대한 이해가 아닌 오해를 낳을 수 있다는 생각에서 해당 책에서 제외되거나 미진하게 다뤄진 부분들에 대한 보완 작업을 시도한 것이었다. 이렇게 만들어진 책은 그가 번역한 애너슨의 원서와 어떤 관계를 형성할까. 거의 반역에 가까운 이 번역 행위는 미술 담론의 탈식민화에 어떤 영감을 줄 수 있을까.

　그는 원문을 충실하게 옮겨야 하는 번역가의 역할보다는, 이 번역물이 한국 미술 담론에 끼칠 영향을 고심하는 미술사가의 임무를 수행한다. 서구 미술 담론과 미술사가 국내에 무비판적으로, 자칫 편향되게 수입되는 것을 염려하며 그는 역자이자 저자로서 원문 텍스트를 해체하고 도착어의 지역성을 고려한 새로운 레이어를 기입하는 번역을 시도한다. 이런 시도는 그가 편집자이고 번역가이며 저술가이기에 가능했겠지만, 이처럼

책을 첫 장과 마지막 장으로 연결된 하나의 닫힌 구조가 아닌,
또 다른 레이어가 덧대어지고 기입 가능한 열린 구조로 인식할
수는 없는 것일까? 새로운 번역과 해석, 비평이 가능한 결과물로
번역서를 인식할 수 있다면, 우리는 책을 옮기는 여러 사람들의
노력과 개입, 해석을 통해 만들어지는 지역적이고 비평적인
장소로 상상할 수 있을 것이다. 서리북

구정연
예술가의 집단적 실천과 지식 생산 및 유통 형태에 관심을 두고 이를 연구한다. 국민대학교
제로원디자인센터에서 큐레이터를 거쳐, 미디어버스와 더 북 소사이어티에서 공동 디렉터로
활동했다. 국립현대미술관에서 MMCA 작가연구 총서 및 출판 지침, 한국 근현대 미술 개론서
『한국미술 1900-2020』 등 학술 연구 및 공공 프로그램을 기획했다. 현재 리움미술관에서
교육연구실장으로 일하고 있다.

# 오늘도 행복한 동행, 책 한 권 잊지 마세요!

## 강의모

〈김선재의 책하고 놀자〉 스튜디오 풍경.(출처: 강의모 제공)

## 시작은 굵게, 수명 연장은 가늘고 길게

겨울 새벽 동이 트기 전, 먼 곳을 가는 길이었다. 곱은 손을 비비며
시내버스에 오르는 순간 〈김선재의 책하고 놀자〉(SBS 러브FM 103.5,
이하 〈책하고 놀자〉) 시그널이 울려 퍼지고 있었다. 순간 기사님에게
달려가 이렇게 외칠 뻔했다. '고맙습니다! 이렇게 우리 방송을
들어주시는군요.' 조용히 자리에 앉아 경청하는 내내 얼굴이
달아올랐던 기억이다.

　　현재 〈책하고 놀자〉 방송 시간은 토, 일요일 아침 6시부터
7시. 일주일에 이틀 정도 시간을 잡아 각 코너 녹음을 진행한다.
〈책하고 놀자〉의 시작은 1999년, 저명한 문화계 인사(김갑수,
김영하 등)를 진행자로 세우고 매일 한 시간 편성으로 야심 차게
출발했으나 2004년 잠정 폐지. 이후 2006년 주말 한 시간의
조촐한 모습으로 재기해 지금에 이르고 있다. (2009년과 2010년
사이에는 매일 20분씩 편성되기도 했다.) 진행은 김소원 아나운서, 유자효
시인, 최혜림 아나운서, 최영아 아나운서에 이어 2021년 3월부터
김선재 아나운서가 맡고 있다.

　　〈책하고 놀자〉의 스태프는 단 세 명이다. 진행자, 연출자(PD),
작가. 그동안 〈책하고 놀자〉를 거쳐 간 PD는 헤아리기 어려울
만큼 많다. 대부분 메인 프로그램이 따로 있고 서브로 담당하기
때문이다. 와중에 2006년 5월 〈책하고 놀자〉를 함께 시작한 나는
햇수로 18년째 장기근속 중이다.

　　현재 〈책하고 놀자〉의 구성을 살펴보자. 토요일에는 매주
방송되는 코너인 '박태근의 새 책과 놀자', 그리고 격주 코너인
'이다혜의 웹스토리 유니버스', '박혜진의 클래식은 영원하다'로
이루어진다. 일요일 첫 코너는 '김혼비의 취향 독서', '최혜진의
모두를 위한 그림책', '정재승의 열두 발자국', '노명우의 한 줄

〈김선재의 책하고 놀자〉 배너 이미지. (출처: 강의모 제공)

사회과학'이 4주 주기로 돌아가고, 신간 저자가 직접 출연하는 '내 책 어때요'가 이어진다. 코너들 사이에는 호흡 조절 겸 분위기에 맞는 음악을 넣는다.

**'앞에서 끌고 뒤에서 밀고' 함께 만들어 가는 〈책하고 놀자〉**

사실 스태프는 셋이지만 〈책하고 놀자〉를 이끌어 가는 주역은 따로 있다. 첫째는 좋은 책을 꾸준히 만들어 주는 작가와 출판 관계자. 그리고 알차게 구성한 코너를 맡고 있는 이들이다. 좋은 패널 선정이 곧 프로그램의 품격을 좌우하기에 PD가 바뀔 때마다 코너 배치를 신중하게 논의한다. 때로는 삼고초려의 읍소로 모셔 오기도 한다.

각자 분야에서 내로라하는 이들이 (아는 사람은 아는, 박하기 짝이 없는 출연료에도 불구하고) 귀한 시간을 내주니 늘 죄송하고 감사한 마음뿐이다. 그들의 진심은 책을 사랑하는 마음에서 나온 진정한

방송을 준비하고 있는 스태프들 (출처: 강의모 제공)

재능 기부가 아닐까 싶다.

그동안 '김탁환의 뒤적뒤적', '김호의 서바이벌 키트', '김홍민의 어둠의 책방' 등의 장기 코너들이 있었고, 2011년에 시작해 지금까지 매주 주제를 잡아 신간 두세 권을 소개하는 '박태근의 새 책과 놀자'는 13년을 넘겨 계속 진행 중이다. 박태근(현 위즈덤하우스 본부장)은 그사이 일터를 바꾸면서도 여전히 흔쾌하게 시간을 내주고 있다. 그에게 바쁜 스케줄 속에서 방송을 계속하는 의미를 묻자, '오직 책을 말하는 재미'를 강조하며 이렇게 말을 이었다.

책뿐 아니라 모든 상품을 전하는 매개가 인플루언서로 옮겨 가는 추세이고, 레거시 미디어가 좀처럼 과거의 영향력을 회복하거나 새로운 활로를 찾지도 못하는 상황에서, 라디오 책 프로그램에 대한 업계의 관심도 크지 않은 게 현실이다. 그런 점에서 어떤 효용을 따지기

왼쪽부터 박태근 위즈덤하우스 본부장과 김선재 아나운서. (출처: 강의모 제공)

보다 '최후의 보루'라는 의미를 말하고 싶다. 처절함이 아니라 그런 곳에서만 찾을 수 있는 여유를 나누고 싶다.

매주 일요일 '내 책 어때요'에 출연할 저자를 선정하는 것 또한 매우 중요한 일이다. 무엇보다 편식은 금물. 세대, 이념, 장르 면에서 한쪽으로 치우치지 않고 균형 잡힌 밥상을 차리는 게 우선이다. 출판사에서 보내준 책과 신간 소식을 두루 살피고 스태프가 함께 의논해 저자를 섭외한다.

이후 책을 꼼꼼히 읽고 질문지를 작성해 저자에게 보내는 건 작가의 일, 스튜디오에서 저자와 알찬 대담을 나누는 건 진행자의 몫이다. 메일을 보낼 때 '진행자가 질문에 없는 내용을 물어볼 수 있습니다'라고 적기는 하지만, 많은 출연자들이 진행자가 얼마나

책을 잘 읽고 이해했는지 질문의 깊이에 놀라고는 한다. 김선재
아나운서는 〈책하고 놀자〉를 진행하는 마음 자세를 이렇게
말한다.

라디오는 오로지 음성으로만 전달되는 매체이기 때문에, 책을 읽는
사람이든 읽지 않는 사람이든 방송 그 자체로서 재미있게 들을 수 있
어야 한다고 생각한다. 그렇다고 늘 듣기 쉽게 단순한 이야기만 하는
것이 아니라 어렵지만 꼭 알려져야 할 작품이나 내용이 있다면 그것
을 어떻게 전달해야 할지를 고민하고, 진행자로서 그런 부분에 초점
을 맞춰서 인터뷰를 준비하고 있다. 결국 독자와 책, 어느 한쪽의 편
을 든다기보다는 균형을 잘 유지해야 가능한 일이라는 생각이 든다.

〈책하고 놀자〉 녹음은 스태프 셋과 출연자 모두 하나의
스튜디오에 모여 앉아 진행한다. 숨소리를 죽이고 함께 호흡하며
귀를 모으고 책의 세계에 빠져든다. 닫힌 공간에서 누구보다 먼저
혜택을 입는 셈이다.

방송 시간이 보통의 일상에서는 실시간으로 듣기 어려운
시간대라 여러 채널(고릴라, 팟캐스트, 네이버 클립 등)을 이용해 다시
듣기를 애용하는 청취자들이 많다. 다시 듣기의 장점은 언제
어디서나 반복 청취가 가능하다는 점이다. 2011년 방송분부터
서비스가 되고 있으니 목록을 살피고 고르기만 하면 된다.

〈책하고 놀자〉 PD의 경우 잦은 교체가 부담이 되기는
하지만, 긍정적인 면도 적지 않다. 내부에서는 보기 어려운 시선을
새롭게 가져와, 변화에 둔감하지 않도록 해준다는 점이 특히
그렇다. 지난 3월부터 〈책하고 놀자〉를 맡고 있는 정한성 PD는
연출자로서의 욕심을 이렇게 얘기한다.

그냥 듣고만 있어도 '요즘 세상이 어떻게 돌아가는지' 들렸으면 싶다. 변해 가는 세상의 근경과 원경을 담는 건 라디오가 가장 잘할 수 있는 일이니까. 하물며 출판계는 세상의 변화를 누구보다 먼저 감지하는 집단 아닌가. 그런 출판계에 이웃해서 20여 년을 방송해 왔으니 어떤 면에서 〈책하고 놀자〉는 한국에서 가장 장수하는 시사 프로그램이라고 볼 수도 있겠다. 좋은 책을 만나고 싶다면, 조금 더 유연한 세상 돌아가는 이야기를 듣고 싶다면, 가벼운 마음으로 〈책하고 놀자〉에 찾아오시길 부탁드린다.

## 지속을 위한 고민, 변화를 품되 언제나 지향점은 '樂'!

지난 원고들을 뒤적이며 시간을 돌아보니 스태프의 변화 외에도 몇몇 터닝 포인트들이 있었다. 그중 2021년 3월 개편에서 '웹스토리'의 세계를 받아들인 것을 가장 큰 변화로 꼽고 싶다. ('웹툰 탐구생활'로 시작해 현재는 '웹스토리 유니버스'로 자리 잡았다.) 젊은 청취층의 눈길을 끌기 위해 SNS—인스타그램 아이디 @chaeghago(책하고)—를 통한 홍보도 적극적으로 하고 있다. 금요일에는 스토리로 내용을 예고하고, 방송 후에는 다시 듣기 청취자를 위해 게시글로 자세한 안내를 올린다.

지난 2022년 겨울, 최근 책 관련 방송 프로그램의 명맥이 거의 끊어질 지경에 이른 상황에서 〈책하고 놀자〉를 기특하게 여기고 진심으로 응원하는 분들이 많다는 것을 실감했다. 〈책하고 놀자〉 작가로 제5회 롯데출판문화대상 언론 부문 공로상을 수상한 것이다. 당시 심사위원이 밝힌 선정 이유의 요지는 다음과 같다.

(왼쪽) 2024년 4월 13일 방송분 큐시트와 이날 소개된 책들.
(오른쪽) '이다혜의 웹스토리 유니버스' 배너 이미지. (출처: 강의모 제공)

책 문화는 다양한 분야의 지원과 애정이 있어야 독자가 탄생하고, 그 덕에 독서 문화가 뿌리내리는 법이다. 책 문화를 일구어 내는 데 방송의 영향은 크다. 하지만 단속적인 프로그램 편성으로 지속적인 독서 문화 형성에 이바지한 바는 드물다. 그동안 진행자와 PD는 줄곧 바뀌어 왔지만, 강의모 작가가 그 자리를 굳건히 지키며 프로그램의 일관성을 지켜 왔다. 그 덕에 좋은 책이 세상에 알려지고 가능성 있는 저자와 작가가 독자와 만날 수 있었다.

'다양한 분야의 지원과 애정' 운운한 문장이 무색하게 롯데출판문화대상은 2023년 6회를 끝으로 막을 내렸다. 출판과 독서계에 정책적·사회적 지원이 현저하게 줄고 있는 현시대에 〈책하고 놀자〉는 언제까지 지속될 것인가, 나는 얼마나 더 이 자리에 머물 수 있을까, 잠시 무거운 생각을 해보았지만, 그냥 지금을 즐기기로 했다.

〈책하고 놀자〉의 가장 큰 매력을 하나 꼽으라고 하면,

주저하지 않고 프로그램 제목을 먼저 말한다. 독서는 엄숙한 학습 행위가 아니라, 스스로 기쁨을 얻는 쾌락의 향유여야 한다고 믿기 때문이다. 〈책하고 놀자〉의 지향점은 '읽고 들어도 재밌고 안 읽고 들어도 재밌는 책 방송'이다. 방송을 듣고 독서에 흥미를 느껴 도서관에 가거나 책을 구입했다는 청취자들의 사연을 접할 때, 프로그램 작가로서 가장 뿌듯하다.

　나와 우리, 모두의 재미와 의미로 가득한 삶을 기원하며, 〈책하고 놀자〉 클로징 멘트를 외쳐 본다. "오늘도 행복한 동행, 책 한 권 잊지 마세요!" 서리북

강의모
프리랜서 방송작가. 2000년 늦은 나이에 라디오 작가로 입문, 〈최백호의 낭만시대〉를 비롯한 다수의 프로그램 구성을 맡아 왔고 현재는 〈김선재의 책하고 놀자〉 구성작가로 있다. 저서로 『땡큐, 내 인생의 터닝포인트』, 『살아 있는 한, 누구에게나 인생은 열린 결말입니다』, 『노년에 인생의 길을 묻다』(공저) 등이 있다. 2013년 SBS 연예대상 라디오 작가상, 2022년 제5회 롯데출판문화대상 언론 부문 공로상 등을 수상했다.

리뷰

서울
리뷰 오브
북스

현대의
고전
19

# 경계를 넘는 공동체

샹뱌오 지음 | 박우 옮김

베이징 저장촌 생활사

글항아리

『경계를 넘는 공동체』
샹바오 지음, 박우 옮김
글항아리, 2024

# 사소한 것들의 힘

## 이승철

인류학자 샹바오의 『경계를 넘는 공동체』는 섣불리 요약하고 평하기 까다로운 책이다. 이는 900페이지에 이르는 책의 방대한 분량 때문도, 저자의 논의가 난삽하기 때문도 아니다. 오히려 분량에 비해 이 책이 다루고자 하는 대상과 질문, 주장은 매우 명확하다.

중국의 개혁·개방이 이제 막 사람들의 입에 오르내리던 1984년, 베이징 남쪽 경계 부근 다훙먼구에 중국 저장성 원저우 지역 출신 여섯 가구가 무거운 미싱을 짊어지고 도착한다. 대도시 베이징의 막대한 수요에 비해 의류 생산이 부족하다는 점을 눈여겨본 이들은, 밤새 만든 옷을 경찰 몰래 노점에서 판매하기 시작하고, 사업이 확장되면서 친척·친구 연결망을 통한 대량 이주로 '저장촌'이라 불리는 집단 주거·생산·사업·소비 공간을 형성한다. 중국의 호구 제도*로 인해 합법/불법의 애매한 경계에 걸쳐 있던 저장촌은 정부의 반복적인 단속과 철거에도 불구하고, 1990년대 중반에 이르

---

* 호구제란 가구의 등록 거주지와 취업·의료·교육 등의 공공 서비스를 연계시킨 제도를 말한다. 이에 따라 농촌 호구를 가진 이들이 도시로 이주할 경우, 공식적인 사회 서비스 지원 대상에서 배제된다.

저장촌의 중심 거리.(출처: 『경계를 넘는 공동체』, 445쪽, 글항아리 제공)

러 의류 전문 시장을 갖추고 중국 전역은 물론 몽골·러시아 등과의 국제 무역까지 담당하는 10만 명 규모의 공동체로 성장한다.

『경계를 넘는 공동체』는 중국의 시장경제로의 이행 중 형성된 '돌출점'으로서 저장촌의 역사를 다루는 책이다. 장기간의 현장 연구에 기반해, 저자는 '자질이 부족한' 무지렁이로 무시받던 가난한 농민들이 어떻게 도시/농촌, 불법/합법, 사회주의/시장경제라는 기존의 경계를 넘어서 거대한 공동체를 형성하고 자신들의 사업을 확장해 나갈 수 있었는지, 이들로 하여금 경계를 넘게 해주었던 힘과 자원은 무엇이었는지 묻는다. 이에 대해 샹바오가 제시하는 답은, 저장촌 농민들이 속해 있던 밀도 높은 '관계(꽌시)'망이다. 즉, 이들은 자신의 친척, 친구, 사업 파트너 등으로 맺어진 관계들을 비공식적 자원으로 적극 활용하여 연결망을 확대해 나가면서, 생산부터 소비·생활까지 모두 책임지는 자율적 공간을 구축할 수 있었다는 것이다.

설득력 있고 명쾌한 주장이지만, 이런 식의 요약은 이 책이 가지는 의의를 절반도 담아내지 못하는 것 같다. "사소함은 나에게 또 다른 형태의 이론"(17쪽)이라는 책머리 저자의 선언에서 드러나듯이, 이 책이 성취하고자 하는 바는 공동체와 그 역사에 대한 포괄적인 분석을 넘어, 이주민들의 삶의 내밀하고 사소한 면들을 독자가 직접 "이해하고 경험하고 나아가 '체감'"(825쪽)하게 만드는 것이기 때문이다. 다시 말해, 이 책은 무엇을 주장하는가를 넘어, 그 주장이 어떻게 제시되는가를 보다 세심히 살펴봐야 하는 책이다. 아마도 이미 주어진 개념적 도구들로 사회 현상을 분석해 나가는 기존의 사회과학 글쓰기에 익숙한 독자들은, 끊임없이 쏟아지는 '사소한' 사례들과 행위의 방대한 더미 속에서 길을 잃기 십상일 것이다. 책을 통해 한 공동체의 역사를 독자가 직접 체감하도록 하겠다니, 저자는 왜 이토록 무모해 보이는 기획을 시도한 것일까?

## '부근'에 대한 '도경 그리기'의 작업

이 학문적 기획의 기원을 이해하기 위해, 저자와 책의 역사를 간략히 살펴보자. 대담집 『주변의 상실』(글항아리, 2022)을 통해 한국에 소개된 샹바오는 현재 독일 막스 플랑크 사회인류학 연구소 소장으로 재직 중인 중국 출신 학자로, 한편으로는 사람·사물의 이동 및 이주 문제에 천착해 온 경제인류학자이자, 다른 한편으로는 중국의 각종 사회 현상, 특히 청년 세대의 고민을 날카롭게 짚어 내는 대중 지식인으로 여러 경계를 넘나들며 활약하고 있다. 『경계를 넘는 공동체』는 샹바오의 첫 저서이자 대표작으로, 저장성 원저우 출신인 저자가 1990년대 초중반 베이징대학교 재학 당시 저장촌을 드나들면서 행한 6년간의 현장연구 결과를 담고 있다. 석사 논

2020년, 샹바오.(출처: 서던캘리포니아대학교 미국-중국 연구소)

문으로 출판된 이 연구 성과를 눈여겨본 영국 옥스퍼드대 인류학
과에서 샹바오를 박사과정생으로 초청하고 이후 교수로 채용한
것은 인류학계에 잘 알려진 일화이다.

　순탄한 성공 스토리처럼 보이지만, 실제 책의 궤적은 그리 간
단치 않다. 2000년 중국어로 처음 출판된 이 책은 2004년 영어로
번역되었는데, 샹바오 본인이 편집한 이 영어판은 200페이지가 채
되지 않는 매우 압축적이고 건조한 축약본이었다.* 900페이지 가
까운 한국어판은 샹바오가 가필하여 2018년 재출판한 중국어 개
정판으로, 영어판과 한국어판(중국어 개정판)은 사실상 다른 책이라
할 정도로 차이가 있다. 나는 두 판본을 모두 읽어 본 후 이 차이에
대해 샹바오와 대화할 기회가 있었는데, 그는 영어판을 출판할 당

* Biao Xiang, Jim Weldon(trans), *Transcending Boundaries*(Brill, 2004).

시 자신이 '사소한 것의 힘'을 전혀 이해하지 못했고, 저장촌의 삶
에 대한 디테일한 묘사가 오히려 자신의 이론적 미성숙을 보여 주
는 듯해 부끄러워 대폭 삭제했다고 밝혔다(개정판 서문에 관련 에피소드
가 짧게 등장한다). 그랬던 그가 2010년대 중반 이 책의 중국어 개정판
을 준비하고 현장연구 및 이론에 대한 독자적 관점을 발전시키면
서, '사소한 것에 대한 천착'을 자신의 학문 방향성으로 재설정한
것이다.

　　저자 본인도 오랜 기간 회의와 의구심을 거쳐 발전시킨 이
이론적 방향성은 무엇일까? 샹바오는 서론에서 책의 저술 이유
를 밝히면서, 자신이 기획한 교육 제도의 실패 원인을 '교원의 자
질 부족'에서 찾은 한 관료의 사례와 자신의 작업을 대조한다. 즉,
추상적인 이념이나 개념에서 출발해 현실에 이를 적용하는 관료
적·지배적 지식과는 달리, 자신의 작업은 "일상적인 행위에서 출
발"(93쪽)한다는 것이다. 그에 따르면, 인류학은 자신의 '주변/부근
(nearby)'을 구성하는 사소한 것들에 주의를 기울이면서 이들의 관
계를 분석하여 세상에 대한 하나의 설득력 있는 '그림'을 제시하
는 것을 목표로 한다. 다른 곳에서 샹바오가 "도경(圖經)으로서의
이론"이라 명명한 이 같은 작업은,* 보편적 규범에 기반한 기존의
비판 이론이나 정책적 필요에 의해 이루어지는 진단식 연구와 구
분된다. 샹바오는 이같이 '위'에서 사람들을 조감하며 선험적 판단
을 내리는 지식을 "지배하는 지식"(827쪽)이라 칭하면서, 이에 반해
대중이 이미 자신만의 관점과 이론을 가지고 있음을 인정하고 장
기간의 관찰을 통해 이들의 관점과 실천이 사회의 미세한 메커니즘
을 어떻게 형성·작동시키는지를 설명하는 "이해하는 지식"(827쪽)

---

* Biao Xiang, "Theory as Vision", *Anthropological Theory* 16(2-3), 2016, pp. 213-220.

을 추구해야 한다고 주장한다.

다소 경험주의적이고 또한 '인민주의적'으로 들리는 저자의 입장과 문제의식은, (영어판에서는 생략된) 이 책의 3장 '저우가의 하루'에서 잘 드러난다. 1993년 3월의 어느 하루 동안 결혼 및 사업 관계로 맺어진 두 가족의 일상을 스케치하면서, 샹바오는 이들 가족이 얼마나 방대한 연결망을 구축하고 있는지, 생산과 소비라는 경제활동 속에 친분·사업·계층 등 얼마나 다양한 관계가 얽혀 있는지, 그리고 이들이 하루를 어떻게 보내고 어떻게 쉬며 어떤 대화를 나누는지를 한 편의 연극처럼 생생하게 묘사한다.* 그리고 책의 이후 장들은 시간을 거슬러 올라가 1984년 저장촌 설립부터 1995년 대철거 그리고 재생에 이르기까지 10여 년간의 역사가, 어떻게 이들의 일상을 형성·변화시켰는지를 고고학 발굴을 행하듯 충충이 밝혀낸다. 결과적으로 이 역사를 모두 읽고 다시 3장으로 돌아가면, 독자는 이 하루 동안 펼쳐지는 행위자들의 '연극'이 가진 의미를 더욱 깊이 이해하게 된다. 이들이 옷을 판매하고 밥을 먹고 옆집과 교류하는 사소한 실천의 방식과 내용들에 저장촌의 역사가 차곡차곡 접혀 들어가서, 이 하루 속에 저장촌의 전체 역사가 드러나는 작은 '도경'이 완성되는 것이다.

**연결망을 통해 본 공동체의 역사**

이러한 샹바오의 관점은 그가 저장촌의 역사를 다루는 방식에서도 잘 드러난다. 저자는 관계(꽌시)를 "사회와 대인관계에 관한 중

---

* 샹바오는 자신의 작업을 극도로 제한된 시공간 안에서 세밀한 부분들을 보여 주는 연극에 비유한다. 이는 방대한 역사적 흐름을 편집을 통해 이어 붙일 수 있는 영화와는 구분된다. 이에 대해서는 샹바오, 우치 대담, 김유익·김명준·우자한 옮김, 『주변의 상실』 (글항아리, 2022), 106-107쪽 참고.

국인의 민간이론"(95쪽)으로 정의하면서, 저장촌 주민들이 매대를
빌리고, 시장을 조직하고, 노동력을 수급하면서 자신의 사업을 꾸
려 나가는 동시에, 식재료를 구하고, 병원 진료를 받으며, 분쟁을
해결하는 등의 생활 속에서 어떻게 이 민간이론이 작동하는지 추
적한다. 샹바오는 이 모든 것의 운영에서 친척·친구·정치적 동지
관계로 맺어진 '친우계'와 동업과 거래 등 사업을 중심으로 한 '사
업계'라는 두 가지 중첩되지만 구별되는 사회적 관계의 작동을 발
견한다. 저장촌의 사업가들은 이 두 사회적 관계를 적극 활용하여,
자신의 사업을 전개한다. 예컨대, 갓 저장촌에 도착한 이들은 친척
혹은 친구가 만든 옷을 대리 판매하는 작업에서 시작하여 점차 자
신의 사업을 꾸려 나가고, 사업상 필요한 파트너들의 경우 시간과
선물을 투자해 친우 관계 속으로 끌어들인다.

　　이주민이라는 신분 때문에 보건·교육·치안·사법 등의 사회 서
비스를 보장받을 수 없어 문제가 될 때에도, 이러한 사회적 연결망
의 작동은 결정적이다. 예컨대, 친인척 관계를 활용해 저장성에서
의사가 공수되는가 하면, 동향의 친구들로 구성된 자율 방범대가
치안을 담당하고, 여러 폭력적 갈등의 해결 역시 저장촌 내 '거물
(big men)' 중재자를 통해 자체적으로 해결한다. 샹바오가 정성을 기
울여 서술하는 이 거물들은, 분쟁을 "주먹으로 해결"(463쪽)할 수 있
는 자신만의 패거리를 거느리고 있으면서 동시에 저장촌 내에서
누구보다도 폭넓은 사회적 관계를 유지해 온 자로, 분쟁 당사자들
은 이들의 체면과 명성 때문에라도 서로 술을 나눠 마시며 합의할
것을 요구받는다. 역으로 이러한 분쟁 해결은 거물들의 명성과 사
회적 관계를 더욱 강화·확장시켜, 이들에게 새로운 사업 기회를 제
공하기도 한다.

　　사회를 연결망의 관점에서 바라보는 샹바오(와 저장촌 주민)의

관점은 이 책의 또 다른 중심 주제인 '국가'를 다루는 방식에서도
잘 드러난다. 책 전체에 걸쳐 국가는 단일한 조직이 아닌 그 자체
로 다소 느슨하고 중첩된 연결망으로 등장한다. 저장촌을 둘러싸
고 중앙정부, 베이징 지방정부, 다홍먼구 행정과 저장성 원저우 정
부의 영향력이 서로 중첩되어 공존하면서, 이들 사이에는 각종 틈
새와 불협화음이 발생한다. 예컨대 1995년 저장촌의 철거 과정에
서 중앙정부와 베이징시 공안국이 철거를 강력히 밀어붙이는 동
안, 시 정부 경제 관련 부서는 세수 확보를 위해 저장촌 의류 시장
확장 계획을 발표하고, 원저우 정부는 철거 과정에서의 충돌 사태
를 방지하기 위해 원거리에서 개입하고 있었다. 저장촌 이주민들
은 이러한 국가 기구 간 틈새를 적극적으로 활용했을 뿐 아니라,
선물 증여, 행사 초대 등 각종 "관계의 예술"(496쪽)을 동원해 다층
적인 공무원 조직들을 자신의 친우·사업 관계 속에 포함시켜 왔다.
이러한 사회적 관계들은 국가의 반복적 단속에도 저장촌이 끈질
기게 살아남을 수 있었던 '뿌리'로 기능하여, 이들은 단속이 심할
때는 잠시 도주했다가 상황이 잠잠해지면 서로 간에 정보를 교환
하며 다시 돌아오고는 했다. 1995년 거주지에 대한 대규모 철거 작
업 이후에도, 이들은 반년도 채 지나지 않아 저장촌을 재건하고 베
이징 주민 및 지방정부와의 관계를 한층 더 강화시켜 나간다.
   한마디로 저장촌 주민들의 밀도 높은 사회적 관계는, 이들이
자신의 세계를 해석하는 주관적 틀인 동시에 저장촌을 발전·유지
시키는 객관적 하부구조(infrastructure)로 기능한다. 흥미롭게도 이
들의 사회적 관계망은 자가 증식하는 '집합적 자본'처럼 묘사된
다. 기존의 관계에 안주하는 것은 잠재적 갈등과 경쟁의 강화를 가
져올 수 있기에, 저장촌 주민들은 계속해서 새로운 기회를 찾아서
"연결망의 끊임없는 확장"(347쪽)과 축적 및 이동을 추구한다. 한 주

민의 재치 있는 말처럼, '운수'라는 건 "운동(運動)을 해야 수가 보인
다는 말"(341쪽)이기 때문이다. 이러한 해석에 기반한 행위자들의
실천을 통해 원저우 의류 상인의 연결망은 저장촌의 경계를 넘어
중국 전역과 외국으로까지 퍼져 나가는데, 샹바오는 이렇게 형성
된 거대한 연결망의 숲을 꼼꼼히 추적하여 독자에게 또 한 편의 그
림으로 제시한다. 3장의 작은 도경이 이번에는 국가와 국제 시장
까지 포함한 큰 도경으로 펼쳐지는 것이다.

## 도경에 빠져 있는 그림들

'현대의 고전'이라 불릴 만큼, 이 책이 가지는 학문적 의의는 분명
하다. 무엇보다 이 책은, 중국 내 이민 연구를 촉발한 선구적 작업
중 하나이다. 이후 중국 내 이민 연구의 초점은 원저우 출신 소상
공인들의 비공식 경제보다는 농민공의 대량 이주로 이동해 갔지
만, 연결망에 초점을 맞춘 이 책의 분석은 여전히 이민 연구에서
필수적인 참고 문헌이 되고 있다.* 동시에 이 책의 분석은 급격히
변화해 온 중국 사회에서 '아래로부터의' 시장경제 이행이 어떻게
가능했는지 그리고 이들의 활력을 통해 어떻게 새로운 자율적 사
회 공간이 등장했는지를 보여 줌으로써, 중국의 개혁·개방을 둘
러싼 기존의 과도한 국가 중심적 관점을 넘어 국가-사회의 역동적
관계에 주목하게 해준다.**

---

\* Yang Zhan, "Epistemic Labor", *positions* 31(2), 2023, pp. 431-450. 특히 개혁·개방 초
기 원저우 지역 소상공인들 중심의 시장경제 확장은 '원저우 모델'이라고까지 불리며
주목받았다. 샹바오의 작업은 이 소상공인들의 힘이 어디에서 나오는 것인지를 밝혔다
는 의의도 있다.

\*\* 이와 관련하여 국가-사회 관계의 '공식화'에 대한 개정판 두 번째 서문은, 오늘날 심
화된 시장경제화가 어떻게 저장촌과 같은 기존의 자율적 사회 공간들을 위협하고 있는
지에 대한 매우 중요한 논의와 통찰을 담고 있다.

공식화된 시장의 모습. 인기는 예전보다 못하다고 한다.
(출처: 『경계를 넘는 공동체』, 64쪽, 글항아리 제공)

  중국과 이민 연구의 맥락에서 조금 벗어나 보자면, 이 책은 소위 사회적 상상의 '연결망적 전환'에 기여한 책이다. '행위자 대 구조'라는 사회과학의 오랜 대립 구도는, 1980-1990년대를 거치며 연결망에 기반해 사회를 분석하는 새로운 작업들에 의해 극복되어 왔다. 정보사회학에서 마누엘 카스텔의 작업이나 과학기술학에서 브뤼노 라투르의 행위자-연결망-이론(Actor-Network-Theory)이 대중적으로 좀 더 잘 알려져 있지만, 사실 경제사회학·경제인류학은 오랫동안 이러한 연결망적 전환의 진원지였다. 연결망 분석은 개인에서 출발하는 신고전파 경제학과 총체적 경제 구조를 강조하는 구조기능주의 혹은 마르크스주의의 대립 구도를 벗어날 수 있는 새로운 방법론적 출구가 되었던 것이다.

  『경계를 넘는 공동체』는 바로 이러한 당대의 흐름과 대화하면서, 한 발 더 나아간다. 샹바오는 기존 경제사회학·경제인류학의 연결망 분석이 여전히 개인과 개인의 관계로 연결망을 상상한다

저장촌 내 주거 지역.(출처: 『경계를 넘는 공동체』, 572쪽, 글항아리 제공)

고 지적하며, 오히려 개인은 이 관계망의 '얼굴'일 뿐이라 주장한다. 따라서 "당신의 관계망과 나의 관계망이 어떤 관계인지가 당신과 나 사이의 관계의 본질이다."(751쪽) 이를 통해 샹바오는 관심의 초점을 개인 간의 연결망이 아닌 '연결망의 연결망' 그리고 그 관계의 속성으로 돌려놓는데, 이는 기존의 얄팍한 연결망 개념을 넘어 보다 두껍고 조밀한 연결망 개념에 기반한 사회의 그림 그리기를 제안하는 것이다.

　물론 이 책이 가지는 이러한 의의와 주장의 설득력에도 몇 가지 의문이 여전히 남는다. 무엇보다 샹바오가 추적하면서 그려 내는 저장촌의 방대하면서 촘촘한 연결망의 숲이, 실은 남성 사업가들, 특히 그중 성공한 이들이 구축해 온 사회라는 점이 눈에 띈다. 3장에서 잠시 드러나듯이, 저장촌의 인구가 10만 명을 넘었을 때에도 인구의 절반 이상은 원저우 출신 사업가에 고용된 허베이성, 안휘성, 후베이성 출신의 (주로 여성인) 단기 의류 노동자들로 구성되어 있었다. 또한 시장에서 활동하던 남성 사업가와는 달리, 주로 가정 경제와 의류 생산을 책임진 저장촌 여성들의 경험 역시 많은 부분 그림에서 빠져 있다. 만약 이들의 경험을 중심으로 연결망을 추적한다면, 저장촌의 도경은 어떻게 그려질까? 아마도 지금보다 훨씬 단절적이고 파편적이며 비대칭적인 연결망들이 드러나지 않았을까?

　노동자와 여성에 대한 관심의 부재는 샹바오 본인 역시 책의 한계로 인정하고 있다.(87-88쪽) 하지만 이는 단순히 채워야 할 '공백'이라기보다는 그가 강조하는 사소한 것의 세밀한 그림 그리기가 과연 '누구의 관점'에서 이루어지는 것인가라는 좀 더 근본적인 질문과 관련된 것처럼 보인다. 한 편의 도경이 언제나 특정한 '관점/원근법(perspective)'을 전제하기 마련이라면, 실제 다양한 집단을 "평범한 사람들"(11쪽)로 뭉뚱그리며 자신의 역할을 이들의 생활과 실천으로 안내하는 "중개자"(17쪽)이자 "비서"(830쪽)로 한정 짓는 샹바오의 접근은, 물론 엘리트주의와 지배적 지식에 대한 반작용에서 나온 것이라고는 해도, 저자의 위치성과 재현의 권력을 둘러싼 고민을 너무 손쉽게 우회하는 것처럼 보인다.

　결과적으로 이는 샹바오의 작업이, 일련의 연결망 연구들에 대해 메릴린 스트래선이 경고했던 '경계 없음(limitlessness)'의 함정에서 자유롭지 않다는 것을 보여 준다.* 스트래선은 초월적·규범적 판단 없이 내재적으로 연결망을 추적하는 작업들의 의의를 인정하면서도, 이들은 그 연결망을 '해석'하기 위해서는 불가피하게 어디선가 연결망을 자르고 액자(frame)에 넣어 그 '경계 밖'에서 봐

---

* Marilyn Strathern, "Cutting the Network", *The Journal of the Royal Anthropological Institute* 2(3), 1996, pp. 517-535.

야 한다는 점을 애써 모른 척한다고 지적한다. 사실 이 책에서 묘사되는 저장촌의 역사는, 시장경제화의 역사이고 국가 통치성의 변형이자 자본의 시초축적 사례이기도 하다. 이를 언급하는 것은 이 책의 풍부한 서술을 납작한 규범적 판단으로 다시 환원하기 위해서가 아니다. 다만 이론의 목표를 사소한 것들의 관계에 대한 도경 그리기로 정의하는 샹바오의 입장에서, 이 도경을 틀 짓는 액자와 이를 조망하는 '경계'는 어떻게 얻을 수 있는지 질문하기 위해서이다. 만약 연결망은 저장촌 사람들이 세상을 바라보는 틀이자 행위 양식이고, 그 자체로 저장촌의 역사이며, 여기서 얻을 수 있는 이론적 함의 역시 두꺼운 연결망의 존재 양식과 힘이라는 이 책의 논의가 다소 동어반복처럼 느껴진다면, 아마도 이러한 기묘한 폐쇄성 때문일 것이다.

## 두꺼운 현장연구의 힘

이러한 남는 질문들에도 불구하고 샹바오의 저작은 훌륭한 현장연구가 지닌 많은 미덕들을 보여 준다. 현장연구는 인류학의 대표적인 방법론이지만, 이만큼 두꺼운 기록과 함께 그 경험에서 자신의 이론적 관점을 길어 올리고, 이를 통해 지식 생산 일반의 문제를 제기하는 시도는 사실 흔치 않다. 특히 (얼마 전 번역된 애나 칭의 『세계 끝의 버섯』처럼) 다양한 장소와 행위자들의 연결망 사이를 빠르게 통과하는 에스노그라피가 유행인 시대에, '평범한 사람들'의 사소한 삶에 깊숙이 접힌 연결망들을 성실하게 펼쳐 내는 샹바오의 글에서는 다소 고전적인 인류학적 뚝심과 진정성마저 느껴진다. 인류학은 "사람을 연구하는 것이 아니라 사람과 함께 연구하는 학문"*

---

* 팀 잉골드, 김지윤 옮김, 『팀 잉골드의 인류학 강의』(프롬북스, 2020), 24쪽.

이라는 팀 잉골드의 정의를 빌리자면, 『경계를 넘는 공동체』는 그 전범이라 할 만하다.

한국어판 서문에서 샹바오는 실제 저장촌에 살았던 사람들이 책을 읽고 "이 책은 다른 책과 달라, 이 책은 진짜야"(14쪽)라고 평했던 에피소드를 소개한다. 물론 이 '진짜'라는 감각이 누구의 입장에서 어떤 의미로 발화된 것인지, 과연 그것이 인류학이 추구해야 할 목표인지는 여전히 던져야 할 질문일 것이다. 다만 책이 그려 내는 세밀하면서도 역동적인 저장촌의 도경은, 저장촌과 직접적 관련이 없는 한국의 독자들에게도 그들의 삶을 '체감'하며 조금이나마 이 '진짜'라는 감각을 공유하게 해준다. 저자의 무모해 보였던 기획이 어느 정도 성공을 거둔 셈이다. 서리북

이승철

경제인류학과 사회 이론을 전공했으며, 서울대학교 인류학과 부교수로 재직 중이다. 공저로 『연구자의 탄생』, 『기본소득의 사회과학』이 있고, 옮긴 책으로 『푸코의 맑스』, 『관용』 등이 있다.

📖 '주변/부근'과 '사소한 것'을 강조하는 샹바오의 학문적 입장에 대해 좀 더 자세히 확인할 수 있는 책이다. 샹바오는 특유의 솔직함과 소탈함으로 자신의 학문적 궤적에 대해 이야기하면서, 현대 중국의 청년 세대가 처한 상황에 대해서도 함께 논한다. 중국에서 수십만 부가 팔리며 샹바오를 중국의 대표 지식인 중 한 명으로 만들어 준 책이기도 하다.

"이론은 여러 표현 방법이 있다고 저는 생각합니다. 구조가 아주 엄밀한 추리식 이론이 있고, 이미지를 보여 주는 도경식 이론도 있습니다. 민족지가 그렇죠. 굉장히 많은 디테일의 묘사와 터치가 하나씩 쌓여서 한 폭의 거대한 벽화가 완성됩니다."—책 속에서

『주변의 상실』
샹바오 지음
우치 대담
김유익·김명준·우자한 옮김
글항아리, 2022

📖 인류학 연구를 검증하는 여러 방법 중 하나는, 같은 시기 동일한 대상을 연구한 다른 책들과 비교해 보는 것이다. 이 책은 1990년대 중반 저장촌에서의 현장연구에 기반하며, 심지어 저자에게 저장촌 주민들을 소개해 주는 북경대 대학원생으로 샹바오가 등장한다! 『경계를 넘어선 공동체』에는 빠져 있는 저장촌 내 계급·젠더 관계 분석이 이 책에는 포함되어 있다.

"이주는 경제적 자유화에서는 커다란 성과였지만, 모든 이주 여성에게 사회적 자유를 가져오지는 않았다. (……) 가난한 농촌 가정이 이주를 통해 어떻게 경제적으로 성공할 수 있었는지에만 관심을 두다 보면, 이 과정에서 어떤 여성들이 배제되고 새로운 형태의 젠더 착취 관계에 종속되었는지를 파악할 수 없게 된다."—책 속에서

『도시의 낯선 이들
(Strangers in the City)』
리장 지음
Stanford University Press,
2001

『영화의 이론』
지그프리트 크라카우어 지음, 김태환·이경진 옮김
문학과지성사, 2024

『영화, 물질적 유령』
질베르토 페레스 지음, 이후경·박지수 옮김
컬처룩, 2024

# 영화의 모던한 존재론, 역사와 예술

## 김지훈

2024년 초, 두 권의 무게 있는 영화 관련 서적이 비슷한 시기에 번역·출간되었다. 한 권은 국내 지성계에는 발터 벤야민 및 테오도르 아도르노와 교류했고 바이마르 공화국 시기 대도시 대중문화의 화려하고도 역동적인 표면에서 현대인의 새로운 감각과 불안정한 무의식을 예리하게 읽어 낸(『집단 장식(*Das Ornament der Masse*)』) 문화 비평가로 알려진 지그프리트 크라카우어가 1941년 미국으로의 망명 이후 1960년 출간한 『영화의 이론: 물리적 현실의 구원』이다. 다른 한 권은 프린스턴대학교 물리학 박사과정까지 수료했으나 1966년 같은 대학 영문학과에서 영화사를 가르치기 시작한 이후 영화 교육 및 비평에 헌신한 질베르토 페레스가 1998년 출간한 첫 번째 책 『영화, 물질적 유령: 이론과 비평의 경계를 넘어』다. 이 두 책은 영화 매체의 본성이 무엇이고, 그 본성은 다른 예술과 어떻게 구별되며, 어떤 영화들이 그 매체의 미적 가능성을 가장 잘 실현하는가를 탐구한다는 점에서 영화 이론(Flim Theory)의 모범적 텍스트다.

　　그러나 이와 같은 평가가 영화의 매체 특정성(medium specificity)

에 대한 본질주의적인 단언으로 귀결되어서는 안 된다. 이 말은 곧
이 두 권의 책이 펼치는 주장의 이미지가 역사의 프레임에 담긴다
는 점을 염두에 두어야 한다는 뜻이다. 여기서 말하는 역사는 일종
의 다중 노출*된 역사다. 19세기 말부터 20세기에 이르는 영화의
역사, 영화가 소환하거나 영화와 공존해 온 예술들의 역사, 그리고
영화가 참여하고 기록하고 가공한 현실의 역사다. 여기에 이론의
역사 또는 영화학의 역사 또한 중첩된다. 1960년과 1998년이라는
두 시기와 상응하는 영화 이론 및 영화학의 역사 말이다. 이처럼
겹쳐진 역사들의 프레임을 포함한 이 두 권의 책이 상영되는 스크
린은 영화가 모던함과 맺는 특별한 관계다. 그 관계의 원천은 영화
의 사진적 속성, 즉 카메라를 통한 변화하는 현실의 기록을 재료로
삼고 그 기록을 움직이는 이미지의 지속으로 전환하는 영화의 고
유한 역량이다.『영화의 이론』은 이와 같은 역량으로 인해 영화가
20세기 사회의 모더니티에 참여하는 기술적, 미학적 예술일 뿐
아니라 모더니티의 매혹적이고도 파괴적인 양면성을 감각하고
이해하는 데 핵심적임을 주장한다.『영화, 물질적 유령』은 영화의
사진적인 역량이 다른 예술과 구별되는 영화 이미지의 현전과 부
재** 모두를 이끌면서도, 바로 이와 같은 역설적 공존을 통해 영화
예술이 모더니스트 예술의 폭넓은 전통에 생산적으로 기여해 왔
음을 밝힌다.

**『영화의 이론』**
크라카우어가 나치즘의 폭력과 2차 세계대전의 포화를 피해 독

---

* 한 프레임에 여러 이미지가 겹치게 하는 촬영 기법.
** 영화 이미지가 담은 세계는 스크린 앞의 관객에게 '현전'한다. 그러나 그 세계 자체는
관객에게 물리적으로 '부재'한다.

일을 떠나 위태롭게 머물렀던 마르세유에서 영화미학에 대한 책
으로 1940년경 처음 구상했고 미국에서의 오랜 망명 생활을 거쳐
1960년에야 발간한 『영화의 이론』은 이 책의 한국어판 역자 후기
가 가정하는 것처럼 "고전적 할리우드 영화의 전성기"(『영화의 이
론』, 615쪽)에 출간된 것도 아니었고, 처음부터 "고전적인 영화 이론
서"(『영화의 이론』, 613쪽)로 수용된 것도 아니었다. 영화의 본성을 미
학적으로 규명하고 영화적 세계의 철학적 함의를 탐구했다는 점
에서 영화를 주제로 한 가장 지적인 책이라는 1963년 루돌프 아른
하임의 호의적인 서평에도 불구하고, 1960년대와 1970년대에 걸
쳐 이 책에 대한 주요 반응은 분명 적대적이었다. 앤드루 새리스와
의 작가주의 논쟁으로도 잘 알려진 신랄한 영화 평론가 폴린 카엘
은 1962년의 서평에서 영화가 "연출되지 않은 현실에 강하게 이끌
린다"(『영화의 이론』, 129쪽)라는 크라카우어의 주장에 대해 예술의 필
연적 가공성과 미적 창의성을 거부한 동어반복적인 테제라고 혹
평했다. 북미 학계에서 영화학이 자신의 대상과 방법론을 가진 이
론으로 제도화된 1970년대에 『영화의 이론』은 고전적 리얼리즘
이론의 나이브함을 입증하는 텍스트로 다시 한번 평가절하되었
다. 영화를 특정한 이데올로기적인 효과를 낳는 시청각적 기호의
체계로 전제하고 그 체계의 물질적 구축 방식과 사회적, 무의식적
작동 방식을 이론화하고자 했던 이 시기의 이론가들에게 영화의
사진적인 속성을 영화의 본질로 수립하는 크라카우어의 태도는
지나치게 규범적이었다.

　이처럼 나이브한 리얼리즘 이론의 예시로 격하되었던 『영화
의 이론』은 1980년대 이후 수정주의적으로 재평가되었다. 1991년
가을 《뉴 저먼 크리틱(New German Critique)》이 발간한 크라카우어 특
집호(54호)는 바이마르 공화국 시기 크라카우어의 문화 비평은 물

론 미국 망명 이후 크라카우어의 저작을 그가 체화한 대서양을 가로지르는 지적 여정에 따라 재평가하는 데 크게 기여했다. 에르빈 파노프스키, 에리히 아우어바흐, 루돌프 아른하임 등과의 관계는 물론 크라카우어가 망명 이후 교류했던 뉴욕 지성계의 영향을 조명함으로써 그를 '독일어권' 지식인이라는 꼬리표에 묶어 두지 않으려는 시도 또한 21세기에 이어졌다. 이와 같은 수정주의적 전환에 크게 기여한 학자는 독일 출신으로 벤야민, 크라카우어, 아도르노의 영화 및 미디어에 대한 사유를 영어권에서 다각적으로 재조명한 미리암 한센(Miriam Hansen, 1949-2011)이었다. 한센이 이들 사상가를 치밀하게 조사하면서 수행한 것은 궁극적으로는 "영화 이론의 역사화"로, 이는 "텍스트에 대한 역사적 지평을 구축하는 것, 그리고 그 텍스트가 현재의 관심사에 제기하는 질문들이 놓인 성좌를 암시하는 것을 뜻한다."* 1997년 프린스턴대학 출판부에서 다시 출간된 『영화의 이론』을 위해 한센이 쓴 서문은 이와 같은 역사화의 모범적인 사례이자, 이 책의 한국어판에서 가장 결정적으로 증발된 성분이다. 이 책에 대한 나의 논의는 한센의 기념비적인 작업에 영향을 받았다. 한센에 따르면 『영화의 이론』은 "영화 일반에 대한 이론이 아니라 특별한 유형의 영화 경험에 대한 이론, 특별한 영화적 경험의 미적 모체(matrix)인 영화에 대한 이론"**을 제공한다.

　　『영화의 이론』에서 가장 핵심적인 질문은 영화가 '구원'의 대상으로 설정한 '물리적 현실'이란 무엇인가다. "내면적 삶, 이데올

---

* Miriam Bratu Hansen, "'With Skin and Hair': Kracauer's Theory of Film, Marseille 1940", *Critical Inquiry* 19(3), 1993, p. 442.

** Miriam Bratu Hansen, "Introduction", in Siegfried Kracauer, *Theory of Film: The Redemption of Physical Reality*(Princeton, NJ: Princeton University Press, 1997), p. x.

로기, 영적 관심"과 대비되는 "사물의 표면"이라는 표현,(『영화의 이론』, 14쪽) 그리고 크라카우어가 유년기의 기억과 연관시킬 뿐 아니라 뤼미에르 형제의 카메라가 기록한 원형적인 가시적 현상으로서 이 책이 반복적으로 환기하는 "잔물결 치는 나뭇잎들"(『영화의 이론』, 13쪽)을 떠올리면 물리적 현실은 분명 외부의 물질적 세계다. 하지만 『영화의 이론』 초반의 서술을 조심스럽게 음미해 보면 사진과 영화의 '물질적 미학'을 강조하는 크라카우어의 주장이 일반적인 유물론적 리얼리즘의 주장, 즉 현실의 흔적을 기록하는 사진과 영화의 본성은 이 매체들의 사진화학적인(photochemical) 본성에서 비롯된다는 주장으로 환원되지 않음을 알 수 있다. 물론 크라카우어는 사진과 영화의 본성을 기록과 드러냄*으로 단언한다. 하지만 사진과 영화의 본질적 친화성**으로 크라카우어가 식별하는 요소들, 즉 '연출되지 않은 것', '우연적인 것', '무한성', '불확정성'은 필름 카메라의 물질과 기법에 본질적으로 내재된 것이 아니다. 이들은 모두 '삶의 흐름(flow of life)'으로 수렴된다. 크라카우어에게 삶의 흐름이란 "물질적 상황과 (……) 그 속에 함축된 감정, 가치, 생각의 측면"(『영화의 이론』, 148쪽) 모두를 포함한다. 그 자신이 바이마르 공화국 시기부터 스크린 안팎에서 유심히 관찰했으며 네오리얼리즘 영화에서도 의미 있게 눈여겨본 대도시의 거리는 "삶의 흐름이 전면적으로 나타나는 장소"(『영화의 이론』, 149쪽)로서 "두려운 불확실성과 매혹적인 흥분을 동반"(『영화의 이론』, 151쪽)한다.

　　여기서 두려움과 흥분은 20세기 초 대도시에서 기술적 대중문화가 기존의 관념적이고 부르주아적인 문화와 가치를 파괴하며

---

\* revealing, 국역본에서는 '현시'로 번역했다.
\*\* affinity, 국역본에서는 '성향'으로 번역했다.

1964년 로마, 지그프리트 크라카우어.(출처: 마이바흐 독일 문학 기록관)

제공한 생생한 감각과 불안정한 정동(affect)이다. 이와 같은 감각과 정동의 해방적인 측면에 대한 긍정적 평가뿐 아니라 사회심리적인 부정성과 총체성에 대한 비판은 크라카우어가 벤야민과 더불어 바이마르 공화국 시기에 비평가로서 수행했던 작업이다. 미국의 실증적인 지적 경향을 경유하여 완성된『영화의 이론』에서 바이마르 공화국 시기 크라카우어의 (그리고 그가 미국 망명 이후 출간한『칼리가리에서 히틀러로』에서도 수행했던) 사회역사적 비평은 표면적으로는 증류된 것처럼 보인다. 그러나 크라카우어가 이 시기부터 사진과 영화에 대해 간파했던 특정한 역량은『영화의 이론』곳곳에도 다른 방식으로 표현된다. 1927년 사진에 대한 에세이에서 카메라의 기계적 기록이 육안의 관찰을 벗어나는 피사체의 낯선 면모를 기입함으로써 낳는 일종의 소외 효과, 그리고 베를린의 영화관에 대한 논평에서 전통적인 미적 경험인 관조 및 집중과 구별되는 관객의 역동적이고 덧없는 지각 양식으로 크라카우어가 간파한 정신분산(distraction)은『영화의 이론』에서 카메라 운동과 가변적 위치, 편집의 리듬으로 물질적인 연속체에 참여하는 영화의 탈중심적인 역량과 연결된다. 이와 같은 역량이 가진 '삶의 흐름'에의 친화성은 이야기를 조직하는 경향 또는 조형적 경향과 협상하며 1950년대 후반까지 영화의 풍부하고도 입체적인 역사를 이루었다.

『영화의 이론』에서 얼핏 보면 교조적이거나 규범적으로 보일 수 있는 크라카우어의 특정 영화 사조 또는 기법에 대한 평가는 바로 '삶의 흐름' 또는 '물질적 현실' 개념이 가진 역사성에 근거한다. 크라카우어는 숏들의 충돌이 주는 정서적, 지적 충격으로 상위의 이념과 정서를 관객에게 전달하는 세르게이 에이젠슈테인의 몽타주 중심 영화에 유보적인 이유를 다음과 같이 설명한다. "전체의 핵심에 놓인 (미리 확립된) '이념의 구성'을 시행하는 것이 유일한 존재 이유인 요소들로 이루어진 영화는 '바람에 흔들려 잔물결 치는 나뭇잎'들을 포착하는 데 유리한 매체의 정신과 상충하기 때문이다."(『영화의 이론』, 404-405쪽, 번역 일부 수정) 그가 서문에서부터 "영화의 세계는 끝이 열려 있는 무한한 세계이며, 비극 속에 설정되는 유한하고 질서 잡힌 세계와는 거의 유사성이 없다"(『영화의 이론』, 13쪽, 번역 일부 수정)라고 말하는 이유는 "물리적 현실의 재료에서 발견된 모든 이야기"를(『영화의 이론』, 447쪽) 중요하게 평가하기 때문이다. D. W. 그리피스 영화의 추격 시퀀스, 이탈리아 네오리얼리즘의 단편적이고 에피소드적인 이야기 구성, 토착 문화의 '발견된 이야기'에서 출발하여 서사의 논리와 미묘하게 협상하는 로버트 플래허티의 다큐멘터리 영화 등이 이런 맥락에서 크라카우어의 지지를 얻는다. 이들은 "영화적 모티프들 가운데 특별한 지위를 점하는 (……) 삶의 흐름"(『영화의 이론』, 495쪽)으로 다시 한번 수렴된다.

에필로그인 「우리 시대의 영화」에 이르면 크라카우어가 말하는 '물리적 현실'이 가진 역사적 함의가 더욱 확대되고, 그가 강조하는 영화적 경험의 중요성 또한 더욱 분명하게 인화된다. 종교와 문화적 전통이 파괴된 "옛 믿음의 폐허"(『영화의 이론』, 521쪽, 이는 에밀 뒤르켐의 표현이다) 위에 선 모더니티의 세계는 2차 세계대전과 대학살의 광풍으로 인해, 종전 이후에는 "과학의 막대한 영향 속에서 정신을 압도하는 추상성"(『영화의 이론』, 534-535쪽)으로 인해 파편화되었다. 《뉴 저먼 크리틱》의 크라카우어 특집호에 참여한 몇몇 학자들이 지적하듯 크라카우어의 이와 같은 진단은 아우슈비츠 이후의 글쓰기의 (불)가능성이라는 문제를 환기함으로써, 『영화의 이론』이 영화 매체와 영화적 세계의 일반 이론보다는 20세기의 역사를 소환하는 이론임을 입증한다. 이 책의 에필로그는 이와 같은 종말-이후의(post-apocalyptic) 세계에 직면한 영화의 역할을 성찰한다. 영화 관람의 경험은 "우리가 파편화되었기 때문"에(『영화의 이론』, 541쪽), "이 세계에 전체란 존재하지 않으며, (……) 우연적 사건들의 파편들이 세계를 이룬다"(『영화의 이론』, 537쪽)는 점을 확인하는 것이다. 이때 영화감독의 과제는 "물질적 현상들의 정글 속으로 더 깊숙이 들어가는 모험을 감행하는"(『영화의 이론』, 546쪽) 것이다. 심지어 그 세계가 나치 강제수용소에서 촬영된 영화에 나오는 "고문당한 인간 사체" 또는 "현실에서 바라보기에는 너무 끔찍한 사물의 실제 얼굴"(『영화의 이론』, 552쪽)이더라도 말이다. 이 지점에서 『영화의 이론』은 영화 매체의 존재론을 영화적 세계의 존재론, 나아가 그 세계와 대면한 주체의 실존적 윤리로 연장하면서 서론으로 회귀한다. 즉 영화의 경험은 "우리 시대의 인간 조건"에 대한 경험이고, 그 경험은 위로부터 부과된 전체적 이념이나 인간 중심적인 신화로 세계에 의미를 부여하는 것보다는 물질적 현실을 "'아래'에서 '위'로" 볼 수 있는 낯선 지각 또는 소외의 경험이다. 그 경험을 통해 관객은 인간은 물론 비인간 객체까지 포함한 "우리의 서식처인 이 지구"(『영화의 이론』, 14쪽)와의 관계를 갱신할 수 있다. 이 지점에서 인류세 담론에 민감한 독자라면 한센의 표현대로 이 책을 통해 "현재의 관심사에 제기하는 질문들이 놓인 성좌"를 구성할 수 있다.

## 『영화, 물질적 유령』

『영화, 물질적 유령』의 방법론과 개념, 그리고 이 책이 크라카우어의 『영화의 이론』과 연결되는 동시에 단절하는 방식을 파악하기 위해서는 1998년이 영화학의 역사에서 어떤 위상을 차지하는

가를 알아 둘 필요가 있다. 앞서 말했듯이 북미 학계에서 영화
학이 제도화된 1970년대에는 유럽의 구조주의, 후기구조주의,
정신분석학을 받아들여 사회적 장치로서의 영화의 의미작용
(signification), 영화가 이미지의 환영(illusion)을 통해 지배 이데올로기
를 강화하는 양식, 영화가 관객을 특정한 지각과 심리적 성향의 주
체로 구성하는 방식을 이론으로 정립하고자 했다. 개별 영화 작품
보다는 영화 일반과 관객 일반을 정의하고자 했던 이와 같은 학문
적 패러다임에서 1970년대 이전의 영화에 대한 설명 방식, 즉 예
술로서의 영화를 숙성하는 데 있어 감독의 창조적 재능을 결정
적인 행위자로 평가하는 작가 이론(Auteur Theory)과 영화를 현실의
기록 또는 반영으로 간주하는 리얼리즘 이론은 비판 또는 기각의
대상이 되었다.

　　스크린 이론(Screen Theory) 또는 장치 이론(Apparatus Theory)으로
도 알려졌고 고전 영화 이론과는 구별되는 현대 영화 이론의 출발
점으로 간주되는 1970년대 영화학의 이러한 패러다임은 1980년
대 이후 다양한 방식으로 도전과 극복의 대상이 되었다. 『영화, 물
질적 유령』은 북미 영화학의 바로 이와 같은 수정주의적 움직임에
합류하면서도 체계적인 이론보다는 개별 감독 또는 장르의 비평에
가까웠던 작가 이론의 유산을 갱신하고자 한다. 페레스의 방법론
적 선택은 자크 라캉과 루이 알튀세르의 개념에 의존한 1970년대
의 영화학이 "예술의 잘못된 점을 강조하는 방향으로 주로 발전
해"(『영화, 물질적 유령』, 48쪽) 왔고, 그 과정에서 영화들의 "구체적 현
실"에 개입하는 "비평과의 (……) 상호 작용을 기피"(『영화, 물질적 유
령』, 40쪽)했다고 생각하기 때문이다. 페레스는 작가주의적 비평이
이론과 생산적으로 결합할 수 있다고 믿는다. "나는 어떤 식으로
든 이론을 비평이나 해석으로부터 분리시킬 수 있다고 믿지 않는

『영화, 물질적 유령』의 저자 질베르토 페레스.(출처: 세라로런스칼리지)

다. 문제적이거나 난해한 사례들, 대단히 뛰어난 작품들이야말로
오래된 이론에 문제를 제기하고 새로운 이론을 도출해 낼 수 있도
록 이끌어 주기 때문이다."(『영화, 물질적 유령』, 51쪽)

페레스가 『영화, 물질적 유령』의 서문을 『영화의 이론』에서
크라카우어의 다음 문구를 인용하며 시작하는 것은 바로 이와 같
은 맥락에서 의미가 있다. "영화 관객은 꿈꾸듯이 스크린에 뜬 이
미지를 바라본다. 그렇다면 우리는 관객이 물리적 현실을 그것의
구체적인 모습 속에서 파악하고 있다고 가정할 수 있다."(『영화의 이
론』, 547쪽; 『영화, 물질적 유령』, 16쪽) 이와 같은 인용은 영화를 사진의 확
장이자 현실의 기록으로 간주한 앙드레 바쟁과 크라카우어의 견
해를 반복 재생하는 것이 아니다. 영화 이미지를 현실로 착각하는
관객이라는 가정에 사로잡힌 장치 이론에 반박하기 위한 크라카
우어의 인용구는 스토리텔링으로서의 영화가 구축하는 세계가 가
진 고유성, 그리고 허구적 세계가 관객과 맺는 독특한 양가적 관계
를 정립하기 위한 설정 숏이다. "스크린 위의 이미지는 현실의 복
제도, 현실에 대한 환영도 아니다. 차라리 그것은 현실로부터 파생
됐으나 현실과는 분리된 구축물, 현실과 놀라울 정도로 닮았으나
누구도 현실로 착각하는 일은 없는 평행 세계다."(『영화, 물질적 유령』,
44쪽) 즉 카메라로 기록한 세계는 현실의 흔적이지만 그 자체로 현
실은 아니며, 허구임이 전제된 세계다. 그럼에도 불구하고 영화 이
미지의 현실성은 그 이미지가 지시하는 대상의 물리적 부재를 각
인하면서도 관객에게 감각적, 정신적 현전의 효과—크라카우어
라면 '정신물리적 상응(psychophysical correspondence)', 또는 "내밀한 꿈"
과 "감각적 인상들의 영향"(『영화의 이론』, 321-322쪽)이라고 불렀을—
를 낳는다. "스크린 위의 이미지에는 세계 자체의 무언가가 담겨
있다. 그것은 물질적인 그 무엇이기도 하지만 또 다른 세계로 옮겨

졌거나 또 다른 세계로 변형된 그 무엇이기도 하다. 따라서 그 이미지는 물질적 유령인 것이다."(『영화, 물질적 유령』, 63쪽, 번역 일부 수정)

　흥미롭게도 이 지점에서 페레스는 바쟁 및 크라카우어와 단절한다. '물질적 유령'으로서의 영화 이미지를 "현실을 재현한 허구로서 실감 나는 재현"(『영화, 물질적 유령』, 51쪽)으로 번역함으로써 페레스는 영화를 아리스토텔레스 이후 허구의 예술을 논의하는 과정에서 핵심적인 미메시스(mimesis)의 전통 속에 놓는다. 연극적 이야기를 비영화적으로 간주하고 '삶의 흐름'에서 파생된 '발견된 이야기'와 에피소드를 지지하는 크라카우어와는 달리, 페레스는 부재하는 동시에 현전하는, 물질적인 동시에 탈물질적인 영화 이미지의 고유성이 영화가 전개하는 고유한 이야기하기의 방식으로 어떻게 연장되는가를 탐구한다. 페레스에 따르면 영화는 고전적인 것과 현대적인 것 간의 공존과 긴장 속에서 스스로를 다양화한 매체이자 예술이다. 영화를 그 나름의 특정성을 가진 예술로 정립하고 다른 예술과 비견할 만한 미적 탐구와 성숙으로 이끄는 것은 영화 제작이 구축하는 컨벤션(convention)이다. "한 작품이 무엇을 보여 줄 것이며 그것을 어떤 방식으로 보여 줄 것인가에 대해 관객과 합의한 바"(『영화, 물질적 유령』, 52쪽)를 가리키는 컨벤션은 영화에서는 숏의 크기(클로즈업)나 편집의 규칙(교차 편집) 등의 관행으로 이어지고, 이 관행은 영화적 재현에서 현전과 부재의 공존이라는 독특한 경험을 마련한다. 여기에서 페레스는 현전과 부재라는 쌍을 극영화에 대한 내러티브 이론의 기존 개념인 이야기와 플롯, 또는 말하기와 보여주기의 대립을 재고하는 방식으로 확장한다. "내러티브는 과거에 일어난 어떤 일을 하나의 이야기로 술회(recount)한다"는 점에서 스크린 바깥의 넓은 세계와 연결되고, "드라마는 어떤 이야기를 상연(enact)해 관객 앞에서 그것이 현전하도록 한다."(『영

화, 물질적 유령』, 112쪽) 그래서 페레스에게 영화는 내러티브적 매체이
자 드라마적 매체 모두다. 그리피스부터 장 르누아르에 이르는 고
전 영화 작가에 대한 세밀한 분석에서 페레스의 초점은 스크린에
현전하는 행위와 그 행위가 펼쳐지는 공간으로 이야기를 전개하
는 드라마화의 방식이다. 드라마화의 실행은 카메라의 배치와 편
집의 리듬을 포함하는 컨벤션의 정립과 적용, 또는 그것의 극복
을 포함하는 가변성의 역사를 구성한다. "그리피스가 자기 시대의
다른 누구보다 숏의 컨벤션을 확립하기 위해 힘썼다면, 르누아르
는 자기 시대의 다른 누구보다 숏의 컨벤션을 해체하기 위해 힘썼
다."(『영화, 물질적 유령』, 164쪽)

　　컨벤션을 예술적 활동의 제약을 넘어 변주와 초월에 열린 비
물질적인 규칙이자 매체의 일부로 보는 페레스의 견해는 영화를
구성하는 카메라와 영사의 자동 기법을 모더니스트 예술로서의
영화를 위한 토대로 보는 스탠리 카벨의 『눈에 비치는 세계』(이모
션북스, 2014)와 흥미롭게 병치된다. 페레스와 유사하게 카벨 또한 영
화 이미지의 사진적 본성이 갖는 양가성(현전과 부재)을 매체의 활용
을 선험적으로 규정하는 것으로 여기지 않았다. 기록과 영사를 둘
러싼 컨벤션은 회화를 포함한 다른 예술과 구별되는 영화의 존재
론을 입증하면서도 다른 예술과 마찬가지로 매체의 잠재력과 한
계를 탐구하기 위한 발판이 된다. 카벨과 유사하게 페레스 또한
『영화, 물질적 유령』의 클라이맥스에서 영화 예술의 위상을 성찰
하면서 아도르노, 클레멘트 그린버그, 페터 뷔르거 등을 인용하며
고전주의, 자연주의, 모더니즘, 아방가르드 등의 무거운 범주와 대
면하기를 주저하지 않는다. 이와 같은 영웅적인 대결 속에서 페레
스는 영화 예술의 역사적 변천에 대한 자신의 관점을 제시한다. 할
리우드 극영화의 지배적 형식이 "자기 매체의 자연주의적 가능성

을 오히려 억누르는 일종의 고전주의"(『영화, 물질적 유령』, 433쪽)였다
면, 대상의 실제적 외양을 탐구하는 영화의 자연주의적 가능성은
20세기 초 소비에트 영화, 루이스 부뉴엘과 장 비고의 초현실주의,
이탈리아 네오리얼리즘과 프랑스 누벨바그에서 "완강한 형식주
의와 결합해 모더니스트 스타일로"(『영화, 물질적 유령』, 433쪽) 향했다.
압바스 키아로스타미, 그리고 장-마리 스트로브와 다니엘 위예는
자연주의와 형식주의의 종합을 통해 모더니스트 예술로서의 영화
를 궁극으로 체화한 주요 등장인물이다. 〈클로즈업〉(1990) 등에서
키아로스타미는 "리얼리티의 재현에서 리얼리티 일부로서 재현
수단의 재현"(『영화, 물질적 유령』, 443쪽)을 통해 자연주의에서 모더니
즘으로의 독특한 이행을 성취했다. 스트로브와 위예의 "〈역사 수
업〉(1972)에서 우리는 필름 이미지가 카메라의 것이며 동시에 영사
기의 것임을 알 수 있다. 또한 물질적이며 동시에 탈물질적이라는
것도. 이것이 물질적 유령이다."(『영화, 물질적 유령』, 478쪽)

　결국 페레스에게 물질적 유령이라는 영화의 고유한 존재론은
스스로를 재현으로서 드러내는 원심력과 드라마화의 작용을 거부
하지 않으면서 스스로를 현실의 이미지로 드러내는 구심력의 공
존을 말한다. 미켈란젤로 안토니오니가 그 공존의 역학을 예시하
는 감독으로 이 책의 마지막 장에 출연하는 구성은 그런 점에서 적
절하다. 〈정사〉(1960), 〈일식〉(1962) 등 후기모더니즘이라 불릴 만한
그의 영화는 주관적 숏과 객관적 숏의 관습적 경계를 교묘하게 교
란함으로써 현전과 부재 모두를 미묘하게 증폭하고, "모더니즘이
확립한 소외의 형식"(『영화, 물질적 유령』, 601쪽)을 통해 영화적 현실과
그 구성 요소 모두를 질문하게 하며, 이방인의 응시를 통해 "거리를
두고 관찰된 대상들로부터 아름다움에 대한 감각을 일깨운다."(『영
화, 물질적 유령』, 659쪽) 형식과 내용 간의 긴장으로 충만한 그의 영화

는 "모더니즘이 자신의 불안 속에서도 열망하며 정초한 희망으로부터 (……) 확연히 퇴각"(『영화, 물질적 유령』, 655쪽, 번역 일부 수정)한 포스트모더니즘에 맞선 모더니스트 예술로서의 영화를 예시한다.

**서리북**

김지훈
학제간 인문예술학인 영화미디어학(cinema and media studies)의 제도화에 주력해 온
영화미디어학자. 중앙대 교수로 재직 중이다. *Activism and Post-Activism*(Oxford University
Press, 2024), *Documentary's Expanded Fields*(Oxford University Press, 2022),
*Between Film, Video, and the Digital*(Bloomsbury, 2016)을 썼다. 2021년 대우재단
학술연구지원사업 논저 분야 선정작으로 『위기미디어: 위태로운 21세기 사회와 미디어의 확장』을
작업 중이다.

📖 **2014년 영문판으로 출간된 크라카우어의 사진에 대한 글 모음집을 번역했다. 바이마르 공화국 시기 문화 비평가로서 사진에 대한 중요한 글이자 『영화의 이론』에서의 사진에 대한 견해와 차이를 드러내기도 하는 「사진」(1927), 그리고 1951년 미국에서 썼고 『영화의 이론』에 통합된 「사진적 접근」이 특히 중요하다.**

"사진 아카이브는 의미에서 낯설어진 자연의 마지막 요소들을 모상 속에 수집한다. (……) 사진 기술 덕분에 의식도 그것으로부터 빠져나간 현실의 되바침에 맞선다. 모든 영역에서 결단적 대결을 불러내야 한다. 이것이 모든 판돈을 건 역사 과정의 도박이다."—「사진」 중에서
"프루스트가 사진적 접근을 소외라는 심리적 상태와 연결시킨 점은 기본적으로 옳다. (……) 사진가는 개인적 특성을 외면화하지 않고, 주로 그 특성에 의지하여 더 포괄적으로 눈에 보이는 세계를 설명하려고 한다."
—「사진적 접근」 중에서

『과거의 문턱』
지그프리트 크라카우어 지음
필리프 데스푸아·마리아 진페르트 엮음
김남시 옮김
열화당, 2022

📖 **북미 지성계에서 중요한 예술철학자인 스탠리 카벨의 이 책은 사진의 연장인 영화의 모던한 존재론뿐 아니라 모더니스트 예술로서의 영화가 가진 고유성, 영화 관람이 세계와의 관계를 다시 수립해야 하는 현대적 주체의 실존적 조건과 윤리적 태도를 구현한 방식을 심오하게 성찰한다 (단 번역이 좋지 않으니 원서와 비교하며 읽을 것을 추천한다).**

"사진의 자동기법이 가진 깊이는 현실의 이미지를 기계적으로 생산하는 것만이 아니라 그 현실에 대한 우리의 현전을 기계적으로 타파하는 것에서도 읽을 수 있다. (……) 영화를 볼 때 나의 무력감은 기계적으로 보장된다: 나는 내가 확인해야 하는 일어나고 있는 그 무엇이 아니라, 내가 (기억처럼) 흡수하는 이미 일어난 그 무엇에 현전한다."
—책 속에서

『눈에 비치는 세계』
스탠리 카벨 지음
이두희·박진희 옮김
이모션북스, 2014

혁명과 일상

해방 후 북조선, 1945~50년

# EVERYDAY LIFE

## IN THE

김수지 지음 | 윤철기 · 안중철 옮김

# NORTH KOREAN

# REV★LUTION

## 1945~1950

『혁명과 일상』
김수지 지음, 윤철기·안중철 옮김
후마니타스, 2023

# 북한, 첫 단추부터 잘못 끼운 것은 아니다?

## 홍제환

북한은 심각한 문제를 안고 있다. 주민들은 정치적 권리를 전혀 누리지 못하고 있으며, 경제적 어려움에 시달리고 있기도 하다. 주민들의 인권 또한 제대로 보장되지 않고 있다. 그래서 혹자는 북한을 '세계 최악의 나라'로 평가하기도 한다.

그렇다면 북한이 안고 있는 문제들은 언제, 어떻게 해서 배태된 것일까. 많은 사람들은 해방 직후 북한에 사회주의 정권이 수립된 데에서 근본적인 원인을 찾을 것이다. 그 이후 70여 년간 김일성-김정일-김정은으로 이어지는 3대에 걸친 세습 독재 체제가 지속되면서 주민들의 정치적 권리가 억압되고, 사회주의 계획 경제 시스템의 한계로 인해 경제 발전이 지체된 것이 북한을 오늘날과 같은 위기 상황으로 몰아왔다는 데에 대체로 동의할 것이다.

그런데 김수지가 『혁명과 일상: 해방 후 북조선, 1945-50년』에서 이야기하는 "이 비극의 정확한 본질"(21-22쪽)은 다르다. 해방 직후 바람직한 방향으로 나아가고 있던 북한은 냉전 속에 한국전쟁이 벌어진 이후 잘못된 길로 접어들었다고 말한다. 비극은 북한이 택한 체제 때문이 아니라 한반도를 둘러싼 국제 정세 탓에 벌어졌다는 것이다. 북한이 첫 단추부터 잘못 끼운 것은 아니라는 이야기다.

## 일상생활을 통해 본 해방 후 북한의 변화상

『혁명과 일상』은 일곱 개의 장으로 구성되어 있다. 1장 '일상생활: 혁명의 시공간'에서는 해방 후 1년 동안 소련을 모델로 혁명이 추진되어, 토지개혁, 노동법 제정, 여성 권리 강화, 국유화 등의 조치가 취해졌고, 주민들의 일상생활에 급진적인 변화가 나타났음을 이야기한다. 저자는 이것이 북한이 식민지적 근대성을 청산하고 자본주의적 근대성을 거부하면서, 사회주의적 근대성이라는 근대성의 대안적 경로를 추구하는 과정에서 이루어진 일임을 강조한다. 그러면서 2장 '식민지 근대성의 유산: 혁명의 불씨'에서 북한이 식민지 시기 형성된 근대성, 즉 식민지적 근대성과 자본주의적 근대성을 거부하고 사회주의적 근대성을 추구하게 된 이유에 대해 설명하고 있다.

 그렇다면 혁명 기간 북한 주민의 일상은 구체적으로 어떻게 변화했을까. 3장과 4장에서 이에 대해 논하고 있다. 3장 '세 가지 개혁: 혁명의 시작'에서는 당시 사회관계에 나타난 변화에 주목한다. 과거 소외되었던 농민들은 토지개혁, 문맹 퇴치 운동 과정에서 역량을 강화하면서 스스로를 혁명의 주체로 인식했으며, 인민위원회 선거 출마 등을 통해 공적 영역에 적극 참여하고, 더러는 지도자의 위치에 올라서기도 했다. 4장 '사회단체: 혁명의 실행'에서는 단체 생활의 출현을 강조한다. 혁명 과정에서 자본주의가 양산한 사회적 소외 문제의 대안으로 단체 생활이 강조되어, 대다수 주민들이 북조선농민동맹(농맹), 북조선민주여성총동맹(여맹), 북조선민주청년동맹(청년동맹)과 같은 대중적인 사회단체에 가입해 새로운 조직 생활을 영위하게 되었음을 이야기한다. 이 단체들은 집단

정체성을 구축하기 위해 구성원들에게 이력서와 자서전 쓰기를 요구했다. 자서전을 쓰는 행위는 개인의 자부심을 고취하고, 공통의 목적, 집단의식을 불어넣는 담론 장치로서 강력한 힘을 발휘했는데, 이에 대해서는 5장 '자서전: 혁명의 내러티브'에서 실제 사례를 인용하며 소개하고 있다.

한편, 6장 '혁명적 모성: 혁명의 젠더'에서는 잡지《조선녀성》에 대한 분석을 통해 혁명 당시 젠더 문제가 어떻게 다뤄졌는지 검토하고, 혁명적 형제애를 이상으로 삼던 사회주의 국가들과 달리 북한은 혁명적 모성을 혁명적 주체성의 전형적 상징으로 삼았다는 점이 특징적임을 강조한다. 이어 7장 '해방 공간: 혁명의 기억'에서는 남녀가 갖고 있는 해방에 대한 내러티브를 비교하여, 그 차이와 그것이 갖는 함의를 소개한다. 그리고 결론에서는 "북조선 혁명은 그 자체로 매우 독특한 경험이었다.(……) 매우 폭넓은 대중에 기반을 두었으면서도 매우 급진적인 혁명이었다"(371쪽)면서, "북조선이 지닌 가능성의 지평은 결국 국가 안보가 다른 모든 열망들을 압도해 버린 냉전에 의해 제한되었다"(360쪽)고 이야기한다.

『혁명과 일상』은 해방 직후 북한에서 이루어진 변화를 대체로 긍정적으로 평가하고 있다. 사회주의적 근대성이라는 근대성의 대안적 경로를 추구했다는 점을 높이 평가한다. 저자는 당국의 공식 문서가 아니라 당시 북한 주민들이 손수 작성했던 이력서와 자서전 등의 자료에 기반해서 이러한 주장을 펴고 있어, 기존 연구와 차별성을 지니고 있을 뿐만 아니라 더욱 설득력 있어 보이기도 한다. 이 책이 미국 아시아학회에서 수여하는 제임스 팔레 한국학 도서상 수상작으로 선정된 것도 이러한 접근법이 높은 평가를 받았기 때문일 것이다.

그렇다면 저자의 주장처럼 해방 직후 북한은 바람직한 방향

1946년 11월, 강원도 김화군에서 인민위원회 선거를 축하하는 사람들.
(출처: 『혁명과 일상』, 151쪽, 후마니타스 제공)

으로 나아가고 있었는데, 냉전으로 인해 잘못된 길에 들어선 것일
까. 냉전만 아니었다면, 북한은 사회주의적 근대성을 실현하며 일
상생활에 혁명적 변화를 가져올 수 있었을까. 결론부터 이야기하
면, 이를 포함하여 저자가 이 책에서 제기하고 있는 주장에 선뜻
동의하기 어렵다.

## 변화에 대한 과도한 의미 부여

일단, 해방 직후 북한이 바람직한 방향으로 나아가고 있었음을 강
조하려다 보니, 당시 북한에서 나타난 변화에 너무 과도한 의미를
부여하고 있는 것은 아닌가 싶다. 저자가 3장에서 강조하고 있는
토지개혁과 인민위원회 선거가 그 대표적인 예에 해당한다.

먼저 토지개혁부터 보자. 저자가 강조하듯, 토지개혁은 농민
들의 거센 요구 속에 무상몰수 무상분배 형태로 이루어졌다는 점

에서 급진적인 변화임이 분명하다. 그런데 이는 '혁명적 조치'로서 완결성을 지닌 조치가 아니었다.

　　일반적으로 해방 직후의 북한은 사회주의로 이행하기 이전인 인민민주주의 단계로 간주된다. 아직 사회주의로 이행할 여건이 마련되지 않아 거쳐 간 과도기에 해당하는 것이다. 토지개혁도 과도적 조치로 볼 수 있다. 토지개혁을 통해 농민들에게 토지를 분배한 것은, 즉 토지소유권을 인정한 것은 자본주의적인 요소가 가미된 조치로, 사회주의적인 협동농장 체제로 가기 위한 하나의 과정이었던 것으로 이해된다. 북한은 토지개혁 직후인 1940년대 후반부터 이미 농업 부문에서 생산수단을 사회주의적 소유로 전환하기 위한 조치를 취했으며, 한국전쟁 이후 농업협동화를 본격 추진하여 1950년대 말에 마무리한다. 북한의 토지개혁은 따로 떼어서 평가하기보다는 이러한 일련의 흐름 속에서 이해할 필요가 있다.

　　저자는 1946년에 치러진 인민위원회 선거에 대해서도 과도한 의미를 부여하고 있다. 다수의 농민과 노동자가 선출되었다는 점에서는 이 선거가 나름의 의미를 지닌다고 볼 수 있다. 그러나 당시 선거는 "통일전선이 지명한 후보에 대해 유권자들이 찬반을 표현"하는(152쪽) 방식이었다. 즉 선거구별로 후보는 한 명이었으며, 흰색 투표함에는 찬성표, 검은색 투표함에는 반대표를 넣게 되어 있었다.* 오늘날 북한 선거 제도와 크게 다르지 않은 방식이었다. 그러했기에 유권자의 99.6퍼센트가 투표하고, 그중 97퍼센트가 찬성표를 던졌던 것인데, 과연 이러한 선거를 두고 "평등선거와 비밀선거의 원칙에 따라"(143쪽) 대표 선출이 이루어졌다고 이야기할 수 있을까?

---

* 안문석, 『북한 민중사』(일조각, 2020), 86쪽.

## 특수한 경험의 성급한 일반화

저자가 자신의 주장을 뒷받침하기 위해 사용한 자료에 대해서도 몇 가지 아쉬운 부분이 있다. 우선 5장에서 저자는 이력서와 자서전을 쓰는 행위를 통해 "'노동자'와 '빈농' 같은 범주들이 (……) 개인의 중요한 정체성이 되어 가는 메커니즘을 검토"(220쪽)하고 있다. 그런데 당시 북한 주민들이 작성한 자서전은 자신의 삶을 진솔하게 풀어낸 글로 보기 어렵다. 자서전 쓰기를 북한 당국은 "개인의 자부심, 공통의 목적, 집단의식을 불어넣는 담론 장치"(262쪽)로, 주민들은 "사회적 출신 성분을 자신에게 유리하도록 재구성"(249쪽)하는 데에 각각 활용했기 때문이다. 즉 당시 주민들이 작성한 자서전의 내용은 북한 당국과 당사자의 의도에 의해 실제와 괴리되어 있을 수밖에 없었다. 이러한 상황에서 인물들의 자서전 내용을 관찰한다고 해서 그들의 내면이나 내면에서 나타나는 변화를 제대로 읽어 낼 수 있을지 의문스럽다.

해방과 혁명의 5년이라는 시간 동안 남녀가 가졌던 해방의 경험과 기억의 차이를 강조하고 있는 7장과 관련해서는 자료가 지니는 대표성에 의문이 생긴다. 저자는 남성의 인생 이야기는 "민족사의 거대한 주제들과 연결"되며,(327쪽) "가정생활에 관한 이야기는 이들의 인생 이야기에서 들어설 자리가 없었"(336쪽)다고 이야기한다. 그러면서 두 사람의 인터뷰를 주요 근거로 제시하고 있다. 그런데 이 두 사람은 정치적인 활동에 많이 관여했던 인물들로, 특히 한 명은 비전향 장기수 출신이다. 그러한 성향과 경험 때문에 이들의 인생 이야기가 과도하게 민족사와 연결되고 있었던 것은 아닐까. 이들이 과연 해방과 혁명을 경험한 남성을 대표한다고 이야기할 수 있을까.

해방에 관한 여성의 경험과 기억을 논하는 과정에서 인용된

1950년, 해방 지역에서 조직되던 여성동맹의 집회(장소, 날짜 미상).
(출처: 『혁명과 일상』, 266-267쪽, 후마니타스 제공)

여성들의 사례 역시 대표성 측면에서 아쉬운 부분이 있다. "민족 해방이 여성 해방과 동일시"(343쪽)되었음을 논증하면서 소개된 김원주는 해방 후 여성 운동에 적극 참여했던 인물이기에 그러한 인식을 기록으로 남겼던 것은 아닐까. 여성은 "민족 해방 투쟁에 참여함으로써 자신의 인생사를 민족사 속에 삽입하려"(348쪽)했다는 주장은 빨치산에 가담했다는 매우 특수한 경험을 지닌 여성들을 분석 대상으로 삼았기에 나올 수 있었던 결론이지 않을까. 그렇다면 이들의 인식을 일반화하는 것은 무리이지 않을까.

7장의 논의를 시작하면서 저자 스스로도 자료적 한계를 이야기하고 있다. 그렇다면 특수한 경험을 지닌 인물들이 남긴 기록을 해석하는 과정에서는 이를 일반화하는 데에 좀 더 신중할 필요가 있었다는 생각이 든다.

## 신선했지만 논거는 부족했던 이의 제기

저자가 이야기하듯, 어쩌면 북한에 대해서는 그간 과도하게 부정적인 평가가 이루어져 온 것일지도 모른다. 첫 단추를 채우는 일은 물론 모든 것이 잘못되었고, 그 결과 북한은 오늘날과 같은 상황에 직면해 있다고 말이다. 저자는 이에 대해 이의를 제기하고 있다. 적어도 해방 직후의 북한은 바람직한 방향으로 나아가고 있었다는 것이다.

통설에 대한 이의 제기는 바람직하며 필요하다. 그러한 과정을 거치며 역사는 끊임없이 재해석된다. 문제는 통설이 형성되는 과정에서 축적된 논리와 근거를 뛰어넘는 일이 결코 쉽지 않다는 데에 있다. 『혁명과 일상』도 통설에 대한 이의 제기라는 측면에서 신선했지만, 통설의 논리와 근거를 뛰어넘어 설득력을 지니는 데에는 한계가 있었던 것 같다. 그것은 북한에 대한 부정적 시각을 바로잡아 보겠다는 저자의 의욕이 너무 앞섰기 때문은 아닐까? **서리북**

홍제환

통일연구원 연구위원. 주로 북한 경제, 남북 경제 협력, 한국 경제사 등을 연구하고 있으며, 주요 연구로는 『경제관료의 시대』, 『북한경제』, 『김정은 시대 북한경제: 경제정책, 대외무역, 주민생활』(공저), 『북한의 인구변동: 추세, 결정요인 및 전망』(공저) 등이 있다.

📖 1940년대부터 2010년대까지 북한의 역사를 주민들의 일상생활에 초점을 맞춰 알기 쉽게 서술했다. 지난 70여 년에 걸쳐 북한 주민들의 삶이 어떻게 변모해 왔는가를 이해하는 데에 좋은 길잡이가 될 것이다.

"이 연구는 첫째, 북한 주민의 일상성에 초점을 두고, 둘째, 주민 생활의 다양성을 드러내면서, 셋째, 그들의 자율성과 저항의 측면에도 관심을 두며, 넷째, 제도, 정책과 일상의 연결고리를 분석해 냄으로써 북한 역사를 새로운 시각으로 기술해 나가는 특성을 가지고 있다."—책 속에서

『북한 민중사』
안문석 지음
일조각, 2020

📖 『혁명과 일상』과 마찬가지로, 미군 노획 문서에 포함된 북한 주민들의 자서전, 이력서 내용을 분석하여 해방 직후 북한의 실태를 드러내고 있다. 보다 균형 잡힌 시각에서 당시 북한의 모습을 그려 내고 있다는 점이 이 책의 장점이다.

"필자는 역사의 수면 아래 가라앉아 있었던 알려지지 않은 많은 대중들의 경험을 재료로 활용해 북한사를 그들의 관점에서 재구성하고자 한다."—책 속에서

『고백하는 사람들』
김재웅 지음
푸른역사, 2020

『북으로 간 언어학자 김수경』
이타가키 류타 지음, 고영진·임경화 옮김
푸른역사, 2024

# 한 언어학자의 삶을 통해 본 남북 분단

## 박진호

### 분단과 월북

러시아에서 사회주의 혁명이 일어나고 마르크스주의가 세계로 퍼져 나가는 가운데, 일본의 식민지였던 한반도에서도 많은 젊은 지식인들이 이 사상에 빠져들었다. 일본의 패전으로 한반도가 식민 지배로부터 해방된 것은 좋은 일이었지만, 미국과 소련의 개입으로 인해 조선 민족 스스로 통일된 국가를 건설한다는 꿈은 실현될 수 없었다. 해방 공간에서 꽤 많은 사람들은 남과 북 가운데 어느 쪽을 선택할지의 기로에 놓였고, 해방 전부터 사회주의 사상의 세례를 받아 적극적으로든 소극적으로든 동조해 온 많은 지식인들은 북을 택했다. 어떤 분야에서는 "우수한 사람은 다 북으로 가고 남에는 쭉정이만 남았다"라는 말이 돌 정도로 지식인들의 월북은 두드러진 현상이었다. 20세기 한반도의 학문의 역사에서 중요한 변곡점이라고 할 수 있다.

　이때 남쪽에 남은 사람들의 그 후 소식은 남쪽에서 살고 있는 우리에게 비교적 잘 알려져 있으나, 월북한 이들의 행적은 베일에 가려져 훨씬 덜 알려져 왔다. 냉전 시대에는 월북 지식인들의 이름

북위 38도선 푯말.(출처: 미국 국립문서기록관리청)

을 공적 매체에서 거론하는 것조차 금기시되어, 이름 석 자 중 두 자는 가린 채 거명되기도 했다. 냉전 체제가 종식되면서 이들의 이름을 자유롭게 거론할 수 있게 되었고, 북한에서 간행된 저작도 접할 수 있게 되기는 했지만, 월북 지식인들의 북한에서의 행적은 여전히 밝혀지지 않은 부분이 많다. 간혹 아무개가 숙청되었다느니 복권되었다느니 하는 단편적인 뉴스를 주로 외신을 통해 접하는 정도였다. 이로 인해 한반도의 각 학문 분야의 역사를 기술할 때 북한 부분은 유난히 빈칸으로 남아 있게 되었다.

　　꽤 불완전한 정보이기는 하지만 이를 짜맞추어 보면, 월북 지식인들의 북한에서의 학문 활동은 원만하지 못한 경우가 많았다.

개인의 자유, 학문의 자유보다는 사회주의 건설이라는 국가와 당의 지상 과제에 개인의 삶과 학문 활동도 강하게 지배당했다. 중국의 문화대혁명만큼 특정 시기에 집중되어서 큰 상처를 남긴 것은 아니지만, 북한에서도 학문이 이데올로기에 종속되는 경향이 뚜렷했다. 특히 정치에서 큰 변화가 일어나면 이것이 학문에도 영향을 미쳐서 연구의 방향을 크게 바꾸기도 했다. 김일성 1인 독재 체제가 공고화되고 주체사상이 강조되는 변화가 그 두드러진 사례이다.

## 특수와 일반의 교직

『북으로 간 언어학자 김수경』은 월북 지식인 중 한 사람인 언어학자 김수경의 생애에 확대경을 들이대고 앞에서 말한 주제들을 자세히 들여다본 책이다. 김수경이라는 개인, 언어학이라는 학문 분야의 특수성이 있기는 하지만, 20세기 한반도에서의 학문의 역사 전반에 적용될 일반적인 이야기들도 많이 있어서, 전공이나 관심 분야와 상관없이 흥미롭게 읽을 수 있다.

그러한 특수성과 월북 지식인 전체의 일반성, 이 둘 중 어느 한쪽에 너무 치우치지 않고 적절한 균형 감각을 유지하면서 이 둘을 솜씨 좋게 교직(交織)한 것이 이 책의 두드러진 장점이다. 이 책의 구성도 대위법적 교직의 꼴을 띠고 있다. 김수경의 개인사를 서술한 장(章)과 그의 언어학적 연구 업적을 서술한 장이 교대로 등장하면서 전체 구조를 형성하고 있는 것이다. 내용도 내용이지만 이렇게 글의 구조를 정교하게 설계하고 구현한 저자의 솜씨에도 감탄하게 된다.

1986년, 김수경. 아내 이남재에게 보낸 편지 속에 동봉한 사진이다.
(출처: 『북으로 간 언어학자 김수경』, 27쪽, 푸른역사 제공)

## 가족의 이산

김수경의 경우에는 가족의 이산이라는 불행까지 그의 개인사를
덮쳤다. 김일성종합대학에서 교편을 잡고 있던 그는, 한국전쟁 초
기에 북한군이 한반도 남부까지 물밀듯이 내려가는 전황 속에서

남쪽 점령지의 대중에게 사회주의 사상 교양을 가르치라는 당의 명령을 받아 전라도까지 내려오게 되었는데, 인천상륙작전으로 북한군이 밀리게 되자 북으로 복귀하라는 지시를 받는다. 사람들이 흔히 다니는 길로 가다가는 유엔군에게 발각될 터이므로 험한 산길로 걸어서 천신만고 끝에 북으로 복귀했다. 그사이에 가족들은 김수경이 남쪽에서 고립되어 오도 가도 못하게 된 줄 알고 김수경을 찾아 남쪽으로 이주했고, 그 후 남북 이산가족으로 남은 생을 살게 되었다.

남쪽에 남은 가족들의 삶은 고단했다. 집의 가장이 한국전쟁 전에 월북하여 김일성종합대학 교수가 되었다는 사실로 인해, 반공 이데올로기가 지배하는 남한 사회에서 그의 가족들은 당국의 감시와 주위 사람들의 의심의 대상이 되었다. 김수경의 아내 이남재는 그런 힘든 상황에서도 꿋꿋하게 살아 냈고 자식들을 훌륭히 키워 냈다. 나중에는 캐나다로 이주했는데, 캐나다를 방문한 저자와 김수경의 딸 김혜영의 우연한 만남이 이 책의 집필 및 그와 관련된 연구로 이어지게 되었다. 캐나다의 가족들과 김수경이 주고받은 편지들이나 김수경의 회고담을 보면, 전쟁과 남북 분단이 이들에게 남긴 상처, 그것을 아파하면서도 의연하게 극복하려는 의지, 그 과정에서 겪은 심리적 갈등 같은 것들이 생생하게 느껴진다.

## 표기법에서의 형태주의

이 책이 흥미를 끄는 큰 이유 중 하나는, 김수경이 20세기 한반도의 언어학자들 중에서도 손꼽히는 탁월한 역량의 소유자였다는 것이다. 여러 외국어에 능통했고 서양의 언어학 이론을 정확히 섭취하여 자신의 언어관을 구축하고 한국어 연구에 적용한 솜씨가 대단했다. 그래서 경성제국대학에서 그를 가르쳤던 고바야시 히

데오, 고노 로쿠로 등의 은사들도 그를 무척 아꼈고 후에도 두고두고 칭찬했다. 이런 탁월한 학자가 남쪽에 남았더라면 남한의 언어학계가 어떻게 달라졌을까 하는 상상을 자꾸 해보게 된다.

김수경의 월북 이후 초기 학문 활동은 눈부셨다. 주시경의 제자인 언어학자 김두봉이 북한 정권 초기에 김일성 다음가는 2인자로서 권력을 쥐고 있었기 때문에, 당시의 북한 언어학계는 김두봉의 영향력이 매우 컸다. 김수경은 김두봉의 생각을 이론적으로 뒷받침하면서 정교화하는 데 크게 기여했다.

주시경에서 뿌리를 찾을 수 있고 김두봉에 의해 발전되고 김수경이 이론화한 가장 핵심적인 생각은 문자 표기에서의 '형태주의'이다. 문자는 음성언어를 바탕으로 하므로 음성언어에 가까운 것이 좋기는 하나, 너무 세세한 음성적 변이까지 표기에 반영하기보다는 형태소의 모습을 가급적 일정하게 유지하는 것이 독자들의 의미 파악에 유리하다. 즉 문자는 음성언어로부터 너무 멀어져도 너무 밀착해도 곤란하고 적당한 거리를 유지해야 하는 것이다.

한글을 창제한 당사자인 세종은 형태주의적 생각을 가지고 있었던 듯하나, 조선 시대 내내 대다수 문헌의 표기는 발음되는 대로 적는 음성주의에 가까운 관행을 따르고 있었다. 현대 한국 언어학의 선구자 주시경은 다시 형태주의를 지지했고 그의 영향력하에서 1933년 한글 맞춤법 통일안도 음성주의보다는 형태주의에 경도되었다. 그렇기는 하나 형태주의 쪽으로 강하게 기울어진 것은 아니었다. 예컨대 '밥도[밥또]', '먹는[멍는]', '신라[실라]'에서 보듯이 경음화, 비음화, 유음화 같은 자동적 음운 현상은 표기에 반영하지 않지만(형태주의), '덥고-더워', '잇고-이어', '듣고-들어' 같은 불규칙 활용(비자동적 교체 현상)은 그 변동된 발음을 표기에 반영한다(음성주의).

토론토에 거주하는 김수경의 유족이 보유한 『조선어 문법』(1949). 한국에 살았을 때에는
북한 것임을 알 수 없도록 커버를 씌우고, 일부 페이지를 잘라 내어 보관했다고 한다.
(출처: 『북으로 간 언어학자 김수경』, 192쪽, 푸른역사 제공)

　　김두봉은 여기서 형태주의 쪽으로 한 걸음 더 나아가서, 비자
동적 교체의 경우에도 형태소의 꼴을 일정하게 유지하여 표기하
자고 주장했다. 즉 '덥고-덥어', '잇고-잇어', '듣고-듣어' 같은 식
이다. 다만 이렇게 하면 '잡고-잡아', '벗고-벗어', '뜯고-뜯어' 같은
규칙 활용을 하는 용언들과 차이가 드러나지 않고 똑같은 'ㅂ, ㅅ,
ㄷ'이 원래의 발음을 유지하는지 다른 소리로 변동되는지 분간이
안 되므로, 불규칙 활용의 경우 'ㅂ, ㅅ, ㄷ'을 대신할 특수한 자음
글자를 고안하게 되었다. 북한 정권 초기에 김두봉은 정치적 고위
직에서 바삐 활동하는 와중에도 이 생각을 표기법에 관철하기 위
한 작업에 큰 관심을 보였고, 정무에 바쁜 김두봉을 대신하여 최
고의 언어 이론가인 김수경이 이 생각을 학문적으로 정교화하고
정책적으로 추진했던 것이다. 김수경은 북한 초기의 언어 정책을

수립하는 데 핵심적인 역할을 했다는 점에서도 주목해야 할 학자
이다.

## 좌천과 좌절

그런데 옌안파 출신인 김두봉은 김일성의 견제를 받아 숙청되는
운명을 맞이했고, 김두봉의 강한 영향력하에 있던 김수경도 정치
적으로 궁지에 몰리게 되었다. 새로운 자음 글자를 만들면서까지
형태주의를 고수하려는 김두봉의 생각은 학자적 이상주의에 치우
쳐서 오랜 역사를 통해 굳어진 인민의 관행을 너무 경시했다는 비
판을 받을 여지가 있고, 김일성 일파가 정치적인 이유에서 김두봉
을 몰아낼 때도 바로 이러한 학문적 논리를 곁들였다. 김수경은 같
은 이유로 학문적 비판을 받기는 했지만 그 후로도 한동안 김일성
종합대학 교수직과 학문 활동을 이어 갔으나, 김두봉이 권력을 쥐
고 있던 시기에 비하면 그 기세가 한풀 꺾인 감이 있었다.

그러다가 1968년 도서관 사서로 사실상의 좌천을 하게 되고,
그 후 20년 동안은 학문적 업적이 전혀 나오지 않는다. 이는 김수
경 개인의 비극이자 한반도 언어학계, 아니 세계 언어학계 전체로
서 비극이라 할 수 있다. 그가 정치나 이데올로기의 영향을 덜 받
으면서 자유롭게 학문 활동을 할 수 있었다면 훨씬 더 빛나고 오래
가는 업적을 많이 낼 수 있었을 것이다. 북한에서의 학문의 역사를
검토할 때 매우 중요한 한 가지 포인트를 김수경의 삶이 웅변적으
로 예증하고 있다.

## 학문 활동의 재개

그러다가 20년의 침묵을 깨고 1989년 김수경은 『세나라시기 언어
력사에 관한 남조선학계의 견해에 대한 비판적 고찰』이라는 책을

출간하면서 학문 활동을 재개했다. 남쪽에서는 이기문 등의 언어 학자들이 고구려어와 신라어가 (한 언어의 서로 다른 방언이라기보다는) 아예 별개의 언어라고 볼 정도의 차이가 있었다는 견해를 내놓고 있었는데, 북한 당국에서 이를 비판하는 임무를 김수경에게 맡긴 듯하다. 이를 위해서는 비교언어학에 대한 서양의 저작들, 동아시아 고대 언어 상황에 대한 러시아나 중국의 저작들을 두루 섭렵해야 하는데, 김수경이 이 임무에 최적임자라고 여겨진 모양이다. 그래서 70세라는 노령에도 불구하고 발탁된 것이다.

이렇게 상부에서 정치적인 목적을 갖고 결론을 미리 정해 놓고, 이를 학문적으로 뒷받침하려는 식으로 기획된 연구는 질이 떨어지는 일이 많다. 그런데 이 책은 (결론이 남한 학계 비판으로 미리 정해져 있던 탓에 학문적 어색함은 물론 있지만) 그의 탁월한 학문적 역량 덕분에 꽤 높은 질을 유지하고 있다. 비교언어학, 구조주의 언어학 등에 누구보다도 정통했던 그가 좀 더 자유로운 분위기에서 한국어의 계통이나 고대 한반도의 언어 상황에 대해 연구할 수 있었다면 그의 역량이 어떤 모습으로 펼쳐졌을지 궁금증을 자아낸다.

이 외에도 김수경의 행보는 『노걸대』 같은 중국어 학습서에 대한 연구를 내놓는 등, 학문적 관심이 경성제국대학 학생 시절에 몰두했던 역사적 연구로 돌아온 듯한 인상을 준다. 이렇게 한국어의 역사적 연구로 인생의 마지막 불꽃을 다시 태우기는 했지만, 이때 그는 이미 고령이었고 오래지 않아 병으로 사망한다.

## 가족과의 재회

그의 인생의 말년에 있었던 두드러진 사건으로 헤어졌던 가족과의 재회를 들 수 있다. 캐나다 등 해외에서 활동하던 교포들을 통해 김수경의 북한에서의 상황을 가족들이 전해 듣고, 중국에서 열

1998년, 48년 만에 재회한 김수경과 이남재.
(출처: 『북으로 간 언어학자 김수경』, 467쪽, 푸른역사 제공)

린 학회에 김수경과 딸 김혜영이 참석함으로써 극적으로 재회한
것이다.

김수경은 딸을 통해 아내 이남재에게 보낸 편지에서 기쁨과
동시에 서먹서먹한 미안한 마음을 전한다. 남편과 헤어져서 아내
홀로 힘들게 자식들을 키우게 한 것도 물론 미안한 일이고, 북한에
서 다른 여성과 결혼하여 또 하나의 가정을 꾸린 것도 아내에게 너
무나 미안한 일이었기 때문이다. 남쪽에 가족이 있는 상황에서 독
신으로 지낸다면 '이 사람이 남쪽의 가족과 내통하거나 아예 남쪽
으로 넘어갈 수도 있다'는 북한 당국의 의심의 눈초리가 심해졌을
것이므로 부득이한 선택이었을 수도 있다.

이남재는 이 소식에 충격을 받고 서운한 마음도 들었겠으나,
시간이 지나면서 이 모든 것을 이해하고 받아들이게 된 듯하다. 그
래서 노년의 두 사람은 재회할 기회도 얻게 되었다. 하지만 김수경
으로서는 이 모든 일에 엄청난 회한이 일었을 것이다. 조국이 외세

의 영향 및 이데올로기로 인해 둘로 쪼개지지 않았다면, 한국전쟁
이라는 비극이 일어나지 않았다면, 그가 남쪽 점령지의 사상 교육
에 동원되지 않았다면, 그의 가족이 그를 찾아 남쪽으로 떠나지 않
았다면……. 안타까운 마음을 담은 반사실적 역사의 가정들이 그
의 머릿속에 끊임없이 떠올랐을 것이다. 이는 김수경과 그의 가족
뿐 아니라, 한반도에서 비슷한 가족사를 가진 꽤 많은 사람들에게
공통된 마음일 것이다. 이 또한 김수경의 생애가 특수성뿐 아니라
일반성을 지니는 대목이다.

## 비판적 코리아학

이 책의 저자 이타가키 류타는 인류학자·사회학자로서 일찍이 경
상북도 상주 지역에 대한 민족지적 연구로 두각을 나타냈다. 캐나
다에서 김혜영과 우연히 만나 김수경에 대한 연구를 하게 되었지
만, 이 책의 독자들은 이것이 우연이 아니라 그에게 주어진 학문적
숙명 같은 것이 아닐까 하는 느낌을 받게 된다. 김수경 가족들의
헌신적인 도움이 물론 있었지만, 저자가 이 책을 집필하고 관련된
연구를 하면서 수집한 방대한 자료들, 그 자료들을 하나의 내러티
브로 엮어 내는 솜씨, 거기에 스며 있는 학문적 엄밀성과 태도, 이
모든 것들이 감탄을 자아낸다. 한반도의 특출난 언어학자 김수경
에 대해 일본의 인류학자가 이 정도의 크고 탄탄한 연구를 해냈다
는 것이 하나의 경이라고도 할 수 있다.

　　한반도는 20세기에 큰 비극의 무대이기도 했고, 냉전 체제에
서 양극 사이에 낀 위치라는 특수성도 있고, 여러 면에서 주목할
만한 학문적 연구의 대상이다. 그런데 이를 연구할 때 너무 거시적
인 세계체제에만 스포트라이트를 맞추고 한반도에 살면서 행위했
던 사람들을 장기판 위의 졸로 보는 듯한 태도를 지닌다면 부적절

할 것이다. 반대로 민족주의에 지나치게 사로잡혀서 시야를 한민족에만 한정하고 한반도를 둘러싼 환경을 도외시한다면 그 또한 곤란할 것이다. 이 둘 사이에서 주체와 환경 양쪽을 균형 있게 고려한 접근법이 필요하다. 저자는 바로 이 점을 중시하면서 한반도를 연구해 왔고, 이를 '비판적 코리아학'이라고 불렀다. 이 책은 그의 그러한 연구가 맺은 귀중한 결실이다. 서리북

박진호
본지 편집위원. 언어학자. 서울대학교에서 가르치고 있다. 공저로 『한국어 통사론의 현상과 이론』, 『현대 한국어 동사구문사전』, 『인문학을 위한 컴퓨터』 등이 있다.

📖 상주 지역사회가 식민지 시기를 거치면서 겪은 변화를 민족지적으로 추적한 책이다. 이러한 변화에는 물론 일제의 식민지 행정이 큰 힘을 발휘했지만, 이 지역에서 살고 있던 조선 인민들의 행위자성도 결코 무시할 수 없다. 상주 지역의 식민지 조선인이 어떤 일상의 변화를 경험했는지를, 주체와 환경 사이의 상호작용에 주목하면서 추적한 역작이다. 저자의 '비판적 코리아학'이 어떤 모습인지를 잘 보여 준다.

『한국 근대의 역사민족지』
이타가키 류타 지음
홍종욱·이대화 옮김
혜안, 2015

"식민지화를 통한 국가 권력의 재편이 지배 계급과 문화의 변화를 즉각적으로 가져온 것도 아니었고, 더구나 식민지화가 사회 변화를 촉발한 것도 아니었다. 또한 자본주의가 사회관계를 재편했다고 하더라도 그 효과가 한국 사회 전체에 일시에 침투한 것도 아니었다. (……) 역사는 마르크스의 말을 빌리자면, '(인간이) 직접적으로 직면하는 주어진 상황과 상속된 상황'을 무시하고 전개되지 않는다. 이러한 (사회 변화를 둘러싼) 상황을 종합적으로 파악하기 위해서는 (……) '이질적인' 요소들, 즉 서로 다른 '시대'에서 온 것처럼 보이는 것들이 같은 시기에 공존하는 상태를 드러내야 한다."—책 속에서

---

📖 일본의 식민 지배를 받던 시절에 한반도의 많은 지식인들은 일본으로 유학을 떠났고, 특히 제국대학에서 공부한 사람이 많았다. 이들 중 다수는 해방 후 남과 북에서 새로운 국가를 건설할 때 중요한 역할을 했다. 탈식민과 독립 국가 건설의 주역들 중 다수가 일본 제국주의의 틀 안에서 교육을 받았다는 것은 아이러니한 면이 있는데, 이들이 유학 시절에 어떤 공부를 했고 어떻게 살았는지는, 해방 후 남과 북의 국가 건설 과정의 성격을 이해하는 데 매우 중요하다. 20세기 한반도 지식 엘리트의 형성 과정을 추적한 업적이라고도 할 수 있다.

『제국대학의 조센징』
정종현 지음
휴머니스트, 2019

"이 제국대학 유학생들은 총독부 식민 통치를 유지하는 관료의 수급처였으며, 관공사립 교육 기관과 식민지 언론·출판 및 경제계의 핵심 인사들이었다. 또 해방 이후에는 남북한 국가 건설의 중요한 인적 자원이었다. 그들 중 많은 이들은 남북한 근대 학술의 기원이 되었다. 달리 말하면, 제국대학은 일본만이 아니라 식민지 및 남북한에서도 국가 엘리트 육성 장치였다."—책 속에서

고전의 강

서울
리뷰 오브
북스

사이언스 클래식 1

# THE MORAL ANIMAL

진화심리학으로 들여다본 인간의 본성

로버트 라이트 ✛ 박영준 옮김

## 도덕적 동물

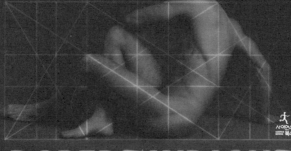

## ROBERT WRIGHT

사이언스북스

『도덕적 동물』
로버트 라이트 지음, 박영준 옮김
사이언스북스, 2003

# 도덕은 왜 유전자와 싸우는가

## 정우현

한국을 처음 방문한 외국인이 한국 사회를 관찰하며 가장 놀라는 것은 높은 치안 수준과 공중 도덕성이라고 한다. 길거리에 쓰레기를 함부로 버리는 사람이 거의 없고, 밤늦은 시간에도 마음 놓고 거리를 다닐 수 있다며 신기해한다. 지하철을 기다리며 누가 시키지 않았는데도 일사불란하게 줄을 서는 모습이나, 커피숍에서 가방이나 노트북 같은 귀중품을 테이블 위에 놓고 자리를 비우더라도 훔쳐 가는 경우가 거의 없다는 데 특히 깊은 인상을 받는다고들 한다. 이런 경험들로 인해 한국인들은 드물게 도덕성이 매우 높다는 평가를 받는다.

그런데 만약 이런 행동들이 높은 도덕성 때문이 아니라 촘촘하게 설치된 CCTV와 처벌에 대한 두려움 때문이라면 어떨까? 그런 환경적·제도적 장치가 없다면 사람들은 여전히 도덕적으로 행동할까? 만약 적발될 위험이 없음에도 여전히 도덕적 행동이 나타난다면 그러한 도덕성은 어디서 연유한 것일까? 어려서부터 강조한 인성 교육 때문일까, 아니면 타고난 유전적 성향 때문일까?

만약 도덕적 행동을 함으로써 자신이 심각한 손해를 입는 상황이라면 어떨까? 사람들은 여전히 이타적으로 도덕을 지키려고 할까? 연인 사이에서 요구되는 성도덕은 어떨까? 단 두 사람 사이의 충실한 약속 이행이 요구되는 경우의 도덕은 공중도덕과는 또 어떻게 달라질까? 역사를 통해 윤리학이나 심리학, 신학과 같은 전통적인 학문이 이러한 주제를 줄곧 연구해 왔지만 납득할 만한 합의를 이루지는 못했다. 인간은 어떻게 도덕성을 갖게 되었을까? 진화심리학은 자연선택과 성선택에 의한 진화 이론이라는 생물학적인 근거를 바탕으로 이런 질문들에 과학적으로 답하려는 새로운 학문이다.

## 진화심리학의 기원과 간략한 역사

학자들은 물론이고 일반 대중들도 '진화론적 이해를 바탕으로 인간의 심리와 행동을 설명하는 것이 과연 타당한가?'라는 문제를 놓고 한 세기 넘게 논쟁을 벌여 왔다. 이 논의의 단초를 제공한 것은 역시 찰스 다윈(Charles Darwin)이다. 다윈은 1859년에 출간한 『종의 기원』에서 '자연선택에 의한 진화'라는 이론을 주장했다. 그는 여러 충실한 데이터와 논리를 바탕으로 생명의 진화가 작동하는 메커니즘을 제시하는 한편, 논의를 마무리하는 책의 마지막 장에서 의미심장한 메시지를 슬쩍 추가한다. "먼 미래에는 더욱더 중요한 연구 분야가 개척될 것이라 나는 생각한다. 심리학은 점진적인 변화를 통해 정신적인 힘이나 역량이 필연적으로 획득된다는 새로운 토대에 근거해 그 기초가 세워질 것"*이라는 암시다.

　　사실 『종의 기원』에서는 동물의 기원과 진화에 대해서만 줄기차게 논의되었지, 인간에 대해서는 어떠한 직접적인 언급도 찾

---

* 찰스 다윈, 장대익 옮김, 『종의 기원』(사이언스북스, 2019), 648쪽.

### 진화심리학의 시작

진화심리학(Evolutionary Psychology)은 인간의 마음이 진화적으로 만들어졌다는 관점을 바탕으로, 인간의 많은 심리 기제들이 어떠한 근원을 가지는지를 연구하는 학문이다. 진화생물학, 신경과학, 인지주의 심리학 등의 발달을 바탕으로 형성되었다. 1973년 마이클 기셀린(Michael Ghiselin)의 논문에서 처음 이 용어가 쓰인 것으로 추정되는데, 심리학계에서는 미국의 1세대 심리학자인 윌리엄 제임스가 자신의 저서에서 처음으로 이 용어를 주창했다. 또한 이 용어를 널리 대중화시킨 것은 존 투비와 레다 코스미데스와 제롬 바코우였다. 이들이 1992년 펴낸 『적응된 마음(The Adapted Mind)』을 계기로 진화심리학은 하나의 독립된 연구 분야가 되었다.

아볼 수 없다. 신의 형상을 따라 지어졌다고 믿는 인간이 실은 다른 동물로부터 기원한 것이라는 주장은 사회적으로 큰 파장을 일으킬 터였다. 그러나 책의 말미에서 다윈은 놀랍게도 자신의 진화 이론이 결국에는 인간의 심리에까지 영향을 미치는 강력한 요인이 될 거라고 은근히, 그러나 과감히 예견했다. 이 짧은 구절은 후대에 탄생할 진화심리학의 지적 근거가 되었다. 당시 다윈은 인간에게서 종종 관찰되는 이타적인 행동, 즉 사회적이고도 도덕적인 행동이 어떻게 진화를 통해 선택될 수 있었을지 설명하지 못해 전전긍긍했다.

자연선택설을 바탕으로 인간을 포함한 여러 동물들의 사회적 행동에 대해 실질적인 이론이 만들어지기 시작한 것은 그로부터 100년도 더 지나서였다. 1960년대에 이르러서야 윌리엄 해밀턴(William Hamilton)과 조지 윌리엄스(George Williams), 로버트 트리버스(Robert Trivers), 존 메이너드 스미스(John Maynard Smith)와 같은 생물학자들이 개미나 벌 등 '진사회성(eusocial)' 동물의 헌신적 행동과 새들의 구애 행위에 대한 원리를 제시하기 시작했다. 생존 경쟁에 별 이득이 없을 것 같은 이타적인 행동이 동물들에게 나타나는 이유

1881년, 노년의 찰스 다윈.(출처: 위키피디아)

는 결국 자신을 효과적으로 퍼뜨리고자 하는 유전자의 이기적 선택 때문이라는 주장이었다. 유전자의 수준에서 보면 이타주의란 이기주의의 하나에 불과하다는 이야기였다.

　　이 주장은 1970년대 들어 에드워드 윌슨(Edward O. Wilson)의 『사회생물학』과 리처드 도킨스(Richard Dawkins)의 『이기적 유전자』를 통해 더욱 널리 알려지며 대중적으로도 큰 인기를 얻었다. 그러나 이 책들에서도 여전히 동물의 행동을 중심적으로 다루었지, 인간에 대한 언급은 거의 없었다. 다만 『사회생물학』의 마지막 장에서 윌슨은 동물의 행동에 관한 생물학적 연구가 인간의 공격성, 도덕성, 동성애와 같은 성 행동의 다양한 측면을 훌륭히 설명해 줄 수 있다는 주장을 의도적으로 흘려 놓았다. 머지않아 결국 사회학은 진화를 토대로 한 생물학으로 흡수될 것이라는 도발적인 예측도 내놓았다. 대략 한 세기 전 『종의 기원』에서 다윈이 썼던 전략과

**사회생물학**

사회생물학(Sociobiology)은 모든 사회 행동의 생물학적 기초를 체계적으로 연구하는 학문으로, 인간을 포함한 동물의 사회적 행동이 자연선택에 따른 진화의 산물로 형성된 것이라는 생각에 바탕을 두고 있다. 사회생물학을 학문적으로 창시한 미국의 생물학자 에드워드 윌슨이 『사회생물학』(1975)을 출간한 이래 사회생물학은 생물학뿐 아니라 학문 각 영역에 빠르게 흡수되었다. 하지만 그만큼 많은 논쟁과 비판을 낳기도 했는데, 특히 사회적 불평등과 정치적인 현상 유지를 정당화하는 생물학적 결정론 내지는 환원론이라는 논쟁·비판이 핵심이었다.

매우 흡사했다.

그러나 이번에는 학계의 반응이 싸늘하다 못해 비난 일색이었다. 학문적 자존심에 상처를 입은 사회학자들은 물론이고 동료 생물학자와 과학철학자들마저 윌슨을 신랄하게 비난했다. 같은 하버드대학의 동료 교수 리처드 르원틴(Richard Lewontin)과 스티븐 제이 굴드(Stephen Jay Gould)는 인간의 행동을 유전과 진화로 설명한다는 발상은 지나치게 환원주의적인 데다가 결정론적이라며 강력하게 비판했다. 심지어 사회생물학의 주장을 '우생학적 사고의 부활'에 가까운 도발로 보기도 했다. 인류는 불과 반세기 전 유전자 결정론에 입각한 우생학과 약육강식을 옹호하는 사회진화론으로 인해 나치의 단종법과 유대인 학살로 대표되는 엄청난 비극을 경험하지 않았던가. 실제로 2차 세계대전 이후 우생학이 크게 쇠퇴하면서 미국우생학회는 1972년 학회의 명칭을 '사회생물학 연구학회'로 변경했는데, 이 때문에 사회생물학이라는 학문의 정체성에 대한 의심의 눈초리는 완전히 거두어지지 않았다.

얼마 후 1980년대가 되자 드디어 진화심리학이라는 이름의 새로운 학문이 등장했다. 사실 인간의 행동을 생물학적으로 설명

1994년 8월 셋째 주 《타임》 표지.
표지에 로버트 라이트의 기사 제목이 실렸다.
(출처: sliderbase.com)

하려 한다는 점에서 진화심리학도 그리 새로워 보이지는 않았다.
다만 진화심리학은 사회생물학 논쟁에서 교훈을 얻어 과격한 이
데올로기로 간주될 수 있는 주장과는 거리를 유지하면서, 주된 관
심사를 인간의 심리적 특성을 연구하는 데 두었다. 진화심리학자
존 투비(John Tooby)와 레다 코스미데스(Leda Cosmides)는 생물학적 해
부도가 모든 인간에게 동일하듯이 마음의 해부도도 똑같을 것이
라고 주장했다. 진화심리학은 성별을 제외하고는 인간 집단 사이
에 기본적으로 유전적 차이가 없다는 입장을 취했다.

## 진화심리학 열풍과 『도덕적 동물』

1994년 여름, 미국의 유명 주간지 《타임》에 「바람둥이 성향, 그것
은 우리 유전자 속에 존재할지도(Infidelity: It May Be in Our Genes)」라는
자극적인 제목의 기사가 실렸다. 작가이자 저널리스트인 로버트
라이트(Robert Wright)가 쓴 것으로, 인간에게 타고난 외도 성향이 있
음을 진화심리학적으로 설명하는 글이었다. 이 기사는 곧 엄청난
대중적 반향을 불러일으켰고, 그는 수많은 독자들의 환호와 비난

**신다윈주의**

신다윈주의(Neo-Darwinism)는 자연선택설을 기반으로 하는 다윈의 진화론이 그레고어 멘델의 유전학 이론과 결합해 발전한 종합적 가설로, 현대 진화론의 토대로 받아들여지고 있다. 이 가설은 휘호 더프리스(Hugo de Vries)가 인위적 돌연변이를 통해 왕달맞이꽃의 유전적 변종을 만든 것이 계기가 되었다. 아우구스트 바이스만(August Weismann)은 다윈의 학설에 돌연변이설을 가미하여 자연이 환경에 보다 더 잘 적응하는 돌연변이 종을 선택하여 진화하게 한다는 신다윈주의 이론을 제시했다.

을 동시에 받으며 유명세를 얻었다. 진화심리학 이론을 본격적으로 다룬 라이트의 대중 과학서 『도덕적 동물』은 이런 분위기 가운데 출간되었다. 이 책은 1994년 《뉴욕 타임스》에서 선정한 '올해의 책' 열한 권에 포함될 정도로 큰 인기를 누렸으면서도 논란의 중심에 놓였다.

라이트는 『도덕적 동물』에서 주로 사랑과 섹스, 남녀 간 성 심리의 차이, 그리고 결혼 제도의 타당성과 유효성에 대해 신다윈주의적 종합, 즉 유전학적 근거에 기초한 다윈의 진화 이론을 바탕으로 논의를 풀어 나간다. 예컨대 이런 식이다. 그는 남녀 간의 심리와 성욕, 문란함의 정도는 자연선택에 의해 다르게 진화했기에 진화적 이득을 기준으로 본다면 일부일처제보다는 일부다처제가 인간에게 더 자연스럽다고 주장한다.(145-146쪽) 또한 인간과 진화적 유연관계가 높은 침팬지의 사회생활을 관찰한 결과 인간에게도 호혜적 이타주의(reciprocal altruism)가 진화했음이 틀림없으며, 이는 친족의 범위를 넘어서 모든 인간에게 의무감이나 양심과 같은 감정과 인식을 형성하는 데 깊이 관여했다고 결론을 내린다.(305-306쪽, 317-318쪽)

에밀 뒤르켐(Émile Durkheim)과 같은 전통적 사회학자들은 사랑

### 호혜적 이타주의

호혜적 이타주의(Reciprocal Altruism)는 진화생물학에서 말하는 전략의 하나로, 나중에 비슷한 방식으로 돌려받을 것을 기대하면서 한 유기체가 다른 유기체의 이익을 증가시키는 방향으로 일시적인 비용을 지불하거나 희생을 감수하는 행동 양식을 말한다. 1971년 미국의 진화생물학자 로버트 트리버스가 『협력의 진화(The Evolution of Cooperation)』에서 같은 종 또는 서로 다른 종 사이의 이타주의를 설명하기 위해 개발한 개념이다.

의 감정이나 성적인 행위로 인한 질투심과 의무감 등은 사회문화적 요인에 의해 만들어지지, 인간 본성에 내재되어 있는 것이 아니라고 여겼다. 그러나 라이트는 이타심, 양심, 정의감 등의 감정이 모두 진화에 의해 형성된 유전적 토대 위에서 존립한다고 주장한다. 그는 책에서 신다윈주의적 종합은 "양자역학이나 분자생물학과 마찬가지로 이론과 사실로 무장한 체계적인 과학 이론"인 데다가 우리의 삶을 이해하는 방식과 밀접한 관련이 있기 때문에, 이 '새로운 세계관'을 통해 애정, 사랑, 성의 문제를 포함하여 "세속적인 것에서부터 영적인 것에 이르기까지, 우리에게 의미 있는 거의 모든 문제를 다룰 수 있다"라고 자신한다.(15쪽)

그러나 애정과 사랑, 성의 문제들을 진단하는 데 있어 이를테면 남성이 여성에게 구애하는 것이 더 '자연스럽다'라든가, 남성이 여성보다 더 폭력적이고 성적으로 무분별한 것은 '당연하다'라든가, 일부다처제가 결혼제도로 '더 적합하다' 따위의 결론이 진화이론에 따라 내려질 수 있다고 보아도 좋을지는 분명해 보이지 않는다. '자연스럽다', '당연하다', 혹은 '더 적합하다'라는 가치 판단을 과연 과학이 내려도 되는 것일까? 이 문제는 뒤에서 다시 자세히 다루도록 하고, 우선 진화심리학을 과학으로 볼 수 있을지 먼저 살펴보도록 하자.

## 진화심리학을 과연 과학으로 봐도 좋은가

진화심리학자들은 종종 자신들이 불필요한 오해를 받는다고 불평한다. 그러나 그들은 다윈의 자연선택 이론을 토대로 하고 있기에 스스로 과학적이라고 믿을 뿐이지, 실제로는 기껏해야 추측에 불과한 주장을 과학처럼 보이게끔 포장하는 경우가 빈번하다는 지적을 받는다. 이런 면에서 라이트도 예외는 아니다. 인간이 침팬지나 보노보 같은 유인원과 동일한 조상에서 유래했으며 진화적으로 매우 가깝기 때문에 인간의 성선택과 남녀의 성적 성향 같은 심리적 특성에 대한 이론을 세울 때 이 유인원들과의 상호 비교가 유용하다고 전제한다.(84쪽)

여기까지는 그럴듯하다. 상호 비교를 해서 좋지 않을 이유가 어디 있겠는가. 이어 그는 수컷 중심의 사회 조직을 가지는 침팬지는 수컷이 암컷에 대한 선취권을 가지려 노력하며,(85쪽) 성적 탐닉이 가장 큰 동물 중 하나인 보노보도 수컷이 암컷에 대한 성적 권리를 결정한다면서(86쪽) 독자들로 하여금 다음과 같은 뻔한 결론에 도달하게 만든다. "이들 각 종이 보이는 사회 구조의 다양성에도 불구하고 이 장의 핵심 논제는 비록 단순화된 형태이기는 하지만 유효함을 알 수 있다. 즉 수컷은 섹스에 대해 매우 적극적이며 섹스를 하기 위해 열심히 노력하는 반면 암컷은 그렇지가 않다."(86쪽)

여기까지도 나쁘지 않다. 얼마든지 '그럴듯한 이야기(just-so stories)'이지 않은가. 그다음은 이렇게 이어진다. "그러나 가끔씩은 짝짓기를 거부하다 강제로 당하기도 한다. 만약 이 같은 용어를 쓰는 것이 마땅하다면, '강간'당하기도 하는 것이다. (……) 그 수컷이 규칙적으로 강간에 성공할 수 있다고 가정해 보자. 다윈주의적 관점에서 본다면, 이 경우 암컷은 크고 강하며 성적으로 공격적인 강

『도덕적 동물』의 저자 로버트 라이트.
(출처: 아마존)

간범과 짝짓는 것이 낫다."(88쪽) 다음 쪽에서는 이런 결론을 내린
다. "넓게 보면 같은 논리가 모든 영장류에게 적용 가능할지도 모
른다."(89쪽) 물론 여기서 '모든 영장류'에는 우리 인간도 포함된다.
번식 성공을 가장 중요한 생존의 이유로 보는 자연선택론의 관점
이 여실히 드러나는 대목이다.

　　공교롭게도 같은 해 유사한 책을 출간한 진화심리학자 데이
비드 버스(David Buss)도 라이트의 결론에 화답한다. 그는 『욕망의 진
화』에서 "번식 연령대 여성들에서 강간으로 인한 임신 확률(6.42퍼
센트)은 상호 합의하의 성관계로 인한 임신 확률(3.1퍼센트)보다 훨씬
더 높다"라는 연구 사례를 인용한다. 그리고 그에 대한 이유를 "강
간범들은 젊을 뿐 아니라 엄청나게 신체적으로 매력적인 여성을
택할 것이고, 매력적인 여성들은 보다 많은 자식을 낳을 수 있"기
때문이라고 설명한다.* 이것이 정말로 과학적인 해석인지는 둘째
치고, 진화심리학자들은 강간을 범죄가 아니라 '성공적인 짝짓기'

---

\* 데이비드 버스, 전중환 옮김, 『욕망의 진화』(사이언스북스, 2007), 524-525쪽.

를 통한 '유전자의 효과적인 전파'로 이해하려는 것은 아닌지 의심스럽게 한다.

성 심리와 사회성에 있어 인간과 다른 영장류 사이에서 어떤 유사성이 발견된다면 먼저 그들 간에 물질적(유전적) 근거가 실제로 존재하며, 이들이 여기서 비롯된 것이 틀림없는지부터 확인해야 할 것이다. (거꾸로 중요한 차이점이 발견되었을 때 그것을 입증할 유전적 차이를 찾아내는 것이 더 쉬울 수도 있다.) 그러나 그들은 실제 그런 구체적인 연구에는 관심이 없어 보인다. 침팬지는 새끼를 가지고자 할 때만 교미를 하지만, 보노보는 그저 즐기려는 목적으로 성행위를 한다. 21세기 들어 인간은 물론이고 침팬지와 보노보의 유전체 염기서열이 모두 분석되었는데, 실제로 이들 간의 유전적 차이는 채 2퍼센트도 되지 않을 만큼 진화적으로 가까운 유연관계를 가지고 있음이 보고되었다. 그렇다면 이런 데이터를 들고 우리 인간은 어떤 목적으로 성행위를 하려 하는지 과연 설명할 수 있을까? 혹은 어느 쪽이 더 '자연스럽다'고 주장할 수 있을까?

라이트는 "어떤 의미에서는 진화생물학자들이 **그럴듯한 얘기**를 꾸며내는 일에 몰두해 있다고 볼 수도 있다. 그러나 그것만으로는 크게 비난할 만한 일이 아니다"라고 항변한다.(81쪽, 강조는 서평자) 그러면서 "진화론적 설명이 (……) 신뢰할 수 있는 정도를 70퍼센트에서 97퍼센트 정도로 끌어올릴 수 있다면 매우 고무적일 것이다"라며 (근거 없는 수치를 들어) 더욱 과학적 정확성을 추구해 나가려는 애꿎은 의지를 보여 준다.(79쪽) 이쯤 되면 진화심리학은 현재로서는 과학이라기보다는 '진화로 풀어 보는 썰'에 더 가까워 보인다. 진화생물학자 제리 코인(Jerry Coyne)은 인간 행동을 다윈주의로 설명하려는 경향이 실내에서 머리를 굴리는 놀이처럼 변하고 있다면서, 진화적 행동을 상상으로 재구성하는 일은 과학이 아니라고 비

라이트는 인간이 침팬지나 보노보와 같은 유인원과 진화적으로 매우 가깝기 때문에 인간의 심리적 특성에 대한 이론을 세울 때 이들과의 상호 비교가 유용하다고 전제한다.(출처: 위키피디아)

판한다.* 이런 종류의 주장은 대개는 아직 결론이 나지 않은 해석에 의한 것이며, 최악의 경우 심각하게 편향된 지식과 변론을 생산할 위험이 있다.

## 진화심리학은 성차별을 정당화하는가

20세기 초 사회진화론이 유행했을 당시 진화론자들은 인간 행동의 유전적 토대에 대해 단순하기 짝이 없는 편견을 유통시켰고, 이로 인해 다윈주의가 정치·사회적으로 오용될 여지를 남겼다. 진화론의 적자생존과 자연선택을 사회학에 그대로 적용한 것이다. 사회진화론을 처음 확립한 허버트 스펜서(Herbert Spencer)는 다윈의 진화론을 범우주적인 법칙으로 확대할 수 있다고 보았고, 사회도 자

---

* 제리 코인, 김명남 옮김, 『지울 수 없는 흔적』(을유문화사, 2011), 319쪽.

**사회진화론**

사회진화론(Social Darwinism)은 진화론의 적자생존과 자연선택을 사회학에 적용하여 사회, 경제, 정치를 해석하는 이론과 견해를 말한다. 영국 출신의 사회학자이자 철학자인 허버트 스펜서에 의해 확립되었다. 사회가 단순한 상태에서 발전하여 더욱 복잡한 형태로 진보한다고 본 사회진화론은 19세기 말부터 유럽 사회에서 크게 유행했다. 그러나 제국주의 및 식민주의, 인종차별, 경제적 약육강식 논리 등을 뒷받침한다는 비판을 받았고, 진화론에서 복잡한 생물체가 진화하여 단순한 형태로 변할 수도 있다는 사실은 간과한 측면이 지적된다.

연과 마찬가지로 단순한 상태에서 진화해 더 복잡하고 고도화된 형태로 발전한다고 믿었다. 실제로 제국주의자, 인종차별주의자, 독점자본가 등이 이를 남용해 사회적 경쟁과 각종 차별을 용인한 바 있다. 물론 현대의 진화심리학자들이 사회진화론의 사상을 일부나마 여전히 옹호하고 있다고는 생각하지 않는다.

　그러나 라이트는 책에서 자주 이런 식으로 말한다. "다윈이나 나와 같은 진화론 옹호자들은 오래전부터 진화론이 살아 있는 **모든 것**의 본질을 설명할 수 있을 정도로 강력하다고 주장해 왔다. 만약 우리가 옳다면, 진화론의 관점에서 바라보기만 하면 무작위로 선출한 그 어떤 사람의 인생도 더 명확하게 이해될 수 있어야 한다."(31쪽, 강조는 서평자) 라이트는 자신의 생각을 다윈의 생각과 하나로 묶는다. 다윈의 명성을 이용해 자신의 결론에 신뢰도를 높이려는 노력으로 보인다. 사회진화론이 유행하던 시절, 수많은 사상가가 이처럼 다윈을 자신의 편으로 끌어들였다. 다윈은 분명 여러모로 억울한 면이 많았을 거라는 측은지심이 들지만, 한편 라이트의 말대로 다윈도 이렇게 주장했던 게 사실이라면 다윈의 책임도 적지 않아 보인다.

　어쩌면 '모든 것'이라는 표현이 문제다. 물론 인간의 행동 중

'어떤 것'들은 진화생물학적 접근법을 활용한다면 분명히 더 유용하게 탐구할 수 있을 것이다. 그러나 『도덕적 동물』의 겉표지 뒷날개에는 독자들에게 이 책을 소개하기 위해 《타임》 측에서 눈치도 없이 쓴 추천사가 다음과 같이 적혀 있다. "인간은 사랑에 빠지도록 디자인되었다. 또 불행하게도 사랑을 지속할 수 없도록 디자인되었다. **모든 것**은 진화의 과정이 결정한다."(뒷날개, 강조는 서평자)

라이트는 어째서 이 책에서 진화론을 이용해 인간의 행동과 도덕을 설명하는 데 있어 최우선으로 성 심리를 타깃으로 삼았을까? 라이트는 "인간의 행동 중 어떤 것도 성행위보다 유전자 전달에 더 큰 영향을 주는 것은 없다. 그렇기 때문에 머릿속에 있는 그 어떤 것도 성적 심리보다 더 진화론적으로 설명하기에 적합한 것은 없다"라고 설명한다.(53쪽) 그리고 이어 이렇게 주장한다. "신다윈주의적 패러다임은 남성의 성적 욕구는 여성의 성적 욕구에 비해 무분별한 면이 있기 때문에 남성과 여성 사이에는 모종의 차이가 있다는 생각을 지지한다."(56쪽)

이런 주장이 비교적 사실처럼 보인다 할지라도, 성선택 문제의 연구는 종종 성차별을 정당화할 위험을 초래한다. 라이트를 포함해 많은 진화심리학자들은 다분히 성차별적인 논리를 펼치면서 대중에 만연해 있는 편견에 기대는 부분이 많으며, 이 때문에 대중적으로 설득력이 충분하다고 여기는 것 같다.

'남성과 여성'이라는 제목을 붙인 3장에서 그는 이 책을 통해 어쩌면 가장 강하게 주장하고 싶었던 것으로 보이는 이야기를 꺼낸다. 아마도 남성 대중들이 속으로 갖고 있을 법한 판타지적 욕망을 건드림으로써 대중적 지지를 호소하는 것은 아닌가 싶기도 하다. 바로 일부다처제를 옹호하는 주장이다. 그는 남녀는 성적 욕망에서 큰 차이를 보인다는 전제로부터 시작해, 남녀가 '유전적 이득'을 목표로 서로를 향해 원하는 것을 얻기 위해 경쟁하며 속고 속이는 과정이 진화했다고 주장한다. 즉 남성의 경우 여성이 낳은 자손이 자신의 자손임을 확신하고자 하는 적응 방식이 진화했으며, 여성의 경우 (유인원 암컷과 달리) 자신의 배란기를 효과적으로 감출 수 있는 방식을 획득해 남성으로부터 오랜 기간 안정적으로 필요한 자원을 지원받을 수 있게끔 진화했다는 것이다.(110-113쪽)

그리고 이어 '여성들은 배란을 전후한 시기에 배우자를 속일 가능성이 더욱 높다'라는 다른 생물학자들의 연구 결과를 인용하며, 이처럼 여성의 부정은 역사가 오래되었기 때문에 광적 질투라는 남성의 특질이 진화할 수 있었다고 결론 내린다.(117쪽) 따라서 여성이 문란할수록 남성은 그런 여성에게 자신의 유전자를 가진 자식을 임신시키기 위해 정자를 많이 생산하느라 고환의 크기가 커지게 된다고 주장한다. 여기서부터 일부다처제를 옹호하기 위한 두 가지 중요한 근거를 댄다. 첫 번째 근거는 다음과 같이 유인원을 관찰한 생리학적 자료다.

> 체중에 비해 고환의 무게가 많이 나가는 침팬지나 여타의 종들은 암컷이 몹시도 문란해 여러 수컷과 짝짓기를 한다. 반면 체중에 비해 고환의 무게가 적게 나가는 종들은 일부일처제나(가령 긴팔원숭이) 수컷 한 마리가 여러 가족들을 독점하는 일부다처제(고릴라)의 관계를 맺는다.(……) 인간의 체중에 대한 고환의 비율은 침팬지보다는 작고 고릴라보다는 큰 편이다. 이 사실은 여성들이 침팬지 암컷들만큼은 아니더라도 천성적으로 다소 모험적임을 암시한다.(118쪽)

유인원 몇 종의 수컷 고환의 크기와 암컷의 문란함을 비교하면서 이를 인간에게 그대로 적용해 여성들이 천성적으로 일부일처제를 고수하지 않는다는 해부학적 증거로 사용한다.(144쪽) 이어 이번에는 남성들 역시 일부일처제를 고집할 이유가 없다는 두 번째 증거를 댄다. '성적 이형성(sexual dimorphism)', 즉 수컷과 암컷 사이의 체격 차이를 예로 들어 다음과 같이 설명한다.

> 일부일처제를 지키는 긴팔원숭이 사이에서는 작은 수컷들도 대략 큰 수컷들만큼이나 새끼를 낳게 되며 성적 이형성은 거의 알아볼 수 없을 정도이다. 그 결과는 성적 이형성이 수컷들 간의 성적 선택의 강도에 대한 좋은 지침이 되며, 또 이것은 한 종이 얼마나 일부다처적인가를 반영한다. 성적 이형성이라는 스펙트럼상에서 보면 인간들은 다소간 일부다처제로 쏠린다. 인간을 고릴라에 견주어 보면 거의 이형적이라고 할 수 없지만, 침팬지에 견주어 보면 이형성이 약간 못 미치며, 긴팔원숭이에 견주어 보면 꽤나 이형적이다.(144-145쪽)

라이트는 생물학적 증거들로는 (그나마 유인원의 것이기는 하지만) 부족하다고 느꼈는지 인류학자들의 연구 결과를 덧붙인다.

> 인류학자들이 연구했던 과거 또는 현재의 사회 1,154곳 가운데 980곳이라는 압도적인 다수에서 남성들이 여럿의 여성들을 아내로 거느리도록 허용해 왔다.(145쪽)

> 인류학적 기록을 보면 아내를 둘 이상 거느릴 수 있는 기회가 주어진 남성들은 기꺼이 이를 받아들이고자 했다. 이런 점에서 일부다처제는 자연적이었다.(146쪽)

라이트는 결국 절반가량의 결혼이 실패로 끝나는 오늘날 명목상의 일부일처제 사회들은 이 사실을 그대로 받아들여야 할 것이라고 충고한다. 이 장의 마지막에서 그는 엄숙히 선언한다.

간단히 말해서 우리는 일부다처제를 허용해야만 할 것이다.(147쪽)

그리고 마지막으로 그는 일부다처제가 이혼을 당한 많은 여성들과 그들의 아이들을 더 나은 처지에 놓이게 할 것이라며, 아픔을 겪은 가정에 따뜻한 희망의 메시지 던지기를 잊지 않는다.(147쪽)

철학자이자 여성학자인 마리 루티(Mari Ruti)는 『나는 과학이 말하는 성차별이 불편합니다』에서 "진화 대중서 저자 중 많은 이가 자신의 과학은 감정과 편견을 일체 배제한다고 주장하는 동시에 자신들의 편향을 순순히 시인한다"라고 썼다.* 루티는 책에서 『도덕적 동물』을 여러 차례 인용하며 자신의 지적이 라이트를 향한 것임을 감추지 않는다. 그가 내보이는 각종 가치 편향은 유인원을 연구해 얻은 결과들에서 비롯되는데, 이는 '자연선택으로부터 근본적인 도덕적 가치를 추론할 수 없다'라고 일컬어지는, 철학자들이 흔히 지적하는 하나의 논리적 오류를 떠올리게 한다. 바로 '자연주의의 오류(naturalistic fallacy)'다.

## 규범을 왜 유전자에서 찾는가

자연주의의 오류란 '사실(존재)'로부터 '당위(규범)'를 끌어내려는 오류를 말한다. 우리 문화는 자연적 질서가 곧 자연스러운 질서, 올

---

* 마리 루티, 김명주 옮김, 『나는 과학이 말하는 성차별이 불편합니다』(동녘사이언스, 2017), 28쪽.

라이트는 일부일처제보다 일부다처제가 인간에게 더 '자연스럽고', 일부일처제처럼 진화론적으로 '자연스럽지 못한' 제도를 지탱하기 위해 도덕률이 필요했다고 말한다.(출처: rawpixel.com)

바른 질서라고 생각하는 경향이 있어, 자연의 법칙 그 자체를 윤리적으로도 옳다고 판단하는 오류를 범하기 일쑤다. 이는 20세기 초 도덕철학자 조지 에드워드 무어(George Edward Moore)가 『윤리학 원리』에서 소개한 개념이다. 무어는 이 개념을 본래 제러미 벤담(Jeremy Bentham)의 공리주의 철학에서 나타나는 오류를 지적하기 위해 도입했지만, 당시 진화론에서 도덕적 판단을 끌어낼 수 있다고 믿었던 스펜서의 사회진화론을 비판하는 데도 적극 사용했다.

　　프리드리히 엥겔스(Friedrich Engels)는 사회진화론이란 본래 다윈이 자연의 영역으로 수출했던 토머스 맬서스(Thomas Malthus)의 사회적 교리를 다시 사회의 영역으로 역수입한 것뿐이라고 주장하기도 했다. 과학사학자 로레인 대스턴(Lorraine Daston)은 이를 일종의 "은밀한 밀수 작전"이라 칭했고, 이러한 가치의 밀수가 종종 정치적인 결과를 가져온다고 말했다.* 자연주의의 오류는 단순한 논리적 오류에 그치는 것이 아니라 예상치 못한 사회적 비극을 초래할수 있는 이데올로기로도 이어질 위험이 있다. 자연을 사회와 엄격히 구분하는 것은 모든 현대적 사고의 출발점이다.

　라이트는 책에서 자연주의의 오류를 잘 인식하고 있다. 그는자연이 결코 도덕적 문제에 권위를 가질 수 없다는 데 동의한다.그러나 그럼에도 자연선택으로 만들어진 인간의 본성이 도덕을이해하는 데 큰 영향을 끼칠 수밖에 없다고 말한다.(25쪽) 그리고 그것이 정당함을 증명해 보이고자 이 책을 썼다고 밝힌다. 이것이 진화심리학계의 일관된 입장이라면 안타깝게도 진화심리학은 그 주장의 특성상 사실과 가치의 구분이 모호한 학문일 수밖에 없다.

　라이트는 실제로 어떤 것이 '자연스럽다'고 말하는 것은 그것이 '좋다'고 말하는 것과 같지 않으며, 자연선택이 '가치 있는' 것으로 여기는 것이라고 해서 우리도 그렇게 받아들여야 하는 것은아니라고 말한다.(57쪽) 그러나 또 다른 곳에서는 일부다처제가 '자연적'이었다면서 인간의 본성을 역행하는 일부일처제를 영원히지속해야 하느냐며 따져 묻기도 한다.(146-147쪽) 이처럼 저자는 책속에서 사실과 가치를 모호하게 뒤섞는 문장을 여러 차례 구사해독자를 혼란스럽게 한다. 자연으로부터 규범을 찾아내려는 유혹은 좀체 거부하기가 쉽지 않은 모양이다.

　게다가 진화심리학에서 제시하는 어떤 주장들은 그것이 진짜'사실'로 간주되어도 충분한지에 대한 근거가 매우 부족해 보인다. "(수컷이 성적으로 공격적인 경우) 보다 강하게 저항하는 암컷의 아들이 약하게 저항하는 암컷의 아들보다 더 좋은 유전자를 보유하고

---

* 로레인 대스턴, 이지혜·홍성욱 옮김, 『도덕을 왜 자연에서 찾는가?』(김영사, 2022), 11쪽.

있을 가능성이 크"다는 판단은 사실인가?(89쪽) "(남편의) 정자의 양은 그의 배우자가 최근 얼마나 오랫동안 그의 시야에서 벗어났는지에 크게 의존한다"라는 명제는 사실인가?(119쪽) 어쩌면 이런 여러 명제가 과연 사실인지 아닌지 현재로서는 판단하기 어렵다는 것, 이것이야말로 오히려 확실하게 말할 수 있는 '사실'일 것이다.

## 인간은 왜 도덕적 동물이 되었는가

그렇다면 과연 도덕률은 어떻게 만들어졌는가? 라이트는 이 책에서 단도직입적으로 '일부일처제처럼 (진화론적으로) 자연스럽지 못한 제도를 지탱하기 위해' 도덕률이 필요했다고 말한다.(226쪽) 도덕률은 유전자가 자기 이익을 두고 경쟁하는 와중에 비공식적으로 타협한 결과로 생겨났다는 것이다. 다시 말해 도덕이란 자신의 유전자를 다음 세대에 전달하는 데 도움이 되는 판단들을 마지못해 받아들인 결과다. 그래서 라이트는 "신다윈주의의 패러다임으로 보면, 도덕규범은 정치적 타협의 산물"이라고 썼다.(480-481쪽)

　　"우리는 잠재적으로 도덕적 동물이지만 (……) 자연적으로 도덕적 동물인 것은 아니다. 도덕적인 동물이 되기 위해서 우리는 얼마나 철저히 도덕적 동물이 아닌지를 깨달아야만 한다."(502쪽) 그는 또 이렇게 부연함으로써 유전자와 진화의 폭정에 거슬러 저항하려는 노력이 바로 도덕이라고 말하고 있다. 유전자의 의지대로 살았다가는 세상이 온통 비정해지기만 해 오히려 적응과 생존에 도움이 되지 못할 것이며, 이런 경우 이를 억누르려는 인간의 특별한 의지가 필요하다는 것이다. 이는 흡사 도킨스가 『이기적 유전자』에서 내린 다음과 같은 결론을 연상케 한다.

　　우리는 이기적으로 태어났다. 그러므로 관대함과 이타주의를 가르쳐 보자. 우리 자신의 이기적 유전자가 무엇을 하려는 녀석인지 이해해 보자. 그러면 우리는 적어도 유전자의 의도를 뒤집을 기회를, 다른 종이 결코 생각해 보지도 못했던 기회를 잡을 수 있을지도 모른다.*

그렇다면 그는 이런 도덕률이 우리 유전자 밖에 있다고 인정하는 것인가? 우리에게는 본능, 즉 '유전자의 의도'에 저항해 고차원적인 판단을 내릴 '자유의지'가 있음을 인정하는 것인가? 진화심리학을 옹호하는 학자 중 하나인 스티븐 핑커(Steven Pinker)는 『빈 서판』에서 이렇게 말했다.

존재론적 지위가 무엇이든 도덕관념은 인간의 마음에 기본적으로 갖추어진 표준 장비의 일부이다. 인간의 마음은 우리가 획득한 단 하나의 마음이고, 따라서 우리는 그 직관적 능력을 진지하게 여기지 않을 수 없다.**

그러나 라이트는 앞에서 "일부일처제적 결혼을 성공적으로 유지시킬 수 있는 다른 도덕 시스템들이 있음은 의심할 여지가 없다"라며 도덕을 일종의 '시스템'으로 보았다.(225쪽) 즉 인간의 본성이 아니라 본성을 잠재울 인위적인 도구로 여긴다는 뜻이다. 그가 생각하는 도덕은 법률이나 규정과 같은 사회적 시스템에 되레 더 가깝게 느껴진다. 그는 '도덕과 유전자'라는 주제에 대해 본격적으로 다룬 17장에서 '효율적인 도덕규범은 받은 대로 되갚아 주는 것'(520쪽)이라 말하는데, 여기서 '받은 대로 되갚아 주는 것'이

* 리처드 도킨스, 홍영남·이상임 옮김, 『이기적 유전자』(을유문화사, 2018, 40주년 기념판), 41쪽.
** 스티븐 핑커, 김한영 옮김, 『빈 서판』(사이언스북스, 2004), 342쪽.

란 도덕의 속성이라기보다는 법과 정의의 역할에 가깝다고 볼 수 있는 만큼, 그가 도덕이라는 중요한 개념을 일관성 있게 다루고 있지 못함을 노출하고 있다.

반면 책의 서문에서 라이트는 이타심, 동정심, 이해, 사랑, 양심, 정의감이 모두 유전적 토대 위에서 존립한다고 이미 주장한 바 있다.(29쪽) 이 모든 것들은 실상 도덕률을 구성하는 기본적인 감정들이다. 다시 말해 도덕이란 '종의 번영을 위해' 진화한 것은 아니지만 진화를 통해 유전적으로 획득된 것이라는 주장이다. 진화심리학은 인간을 "화려한 윤리적 장구"를 갖춘 종이라 부르기도 한다.(29쪽) 도덕관념은 인간의 마음에 기본적으로 장착된 표준 장치라는 말이다. 그러나 이는 앞서 인간이 "자연적으로 도덕적 동물인 것은 아니"며, "얼마나 철저하게 도덕적 동물이 아닌지"(502쪽) 항변하며 재차 강조했던 저자의 주장과는 확연히 모순적이다.

저자가 분명히 밝혔듯이, 다윈은 물론이고 토머스 헉슬리(Thomas Huxley)도 역시 진화에서 가치를 끌어내자고 주장하는 모든 사회진화론적 전제를 비판했다. 헉슬리는 사회의 윤리적인 진보는 우주의 과정을 모방함으로써가 아니라 그것과 투쟁함으로써 얻을 수 있다고 말하기도 했다.(499쪽) 반면 라이트는 투쟁에 필요한 적극적인 윤리의식 역시 본능과 마찬가지로 유전자에 새겨진 장치라고 말하는 걸까? 만약 그렇다면 인간은 '도덕적 동물'이라기보다는 '모순적 동물'이라고 불리는 게 더 적절해 보인다.

그 기원이 무엇이 되었든 도덕규범은 사회 전체로 볼 때 매우 바람직한 것이다. 이것은 동물에게서 발견되는 호혜적 이타주의 이상의 장점을 발휘하며, 유전자의 안전한 증식과 번영에 도움이 된다. 그럼에도 윌슨은 다음과 같이 도덕의 가치를 평가절하하는 데 여념이 없다. "인간의 행동은 인간의 유전 물질이 자신을 고스란히 보존해 오고 앞으로 그렇게 하기 위해 쓰는 우회적인 방법이다. 이것 말고 도덕은 설명할 수 있는 다른 어떠한 궁극적 기능을 갖고 있지 않다."* 영장류학자 마이클 토마셀로(Michael Tomasello)도 『도덕의 기원』의 결론 부분에서 이렇게 말한다. "우리가 도덕적인 것은 기적이며, 우리가 꼭 이런 모습이었어야 했던 것은 아니다."**

　　이런 결론들은 진화심리학이라는 학문의 쓸모에 대해 고찰하고자 할 때 가장 아쉬운 점 중 하나다. 인간이 존엄성을 지니는 인격체임을 강조하는 생물학적 결론은 어디서도 찾아보기 어렵다. 인간의 조건을 형성해 온 가장 소중한 가치 중 하나인 도덕률을 보다 단순한 원형이자 우연히 얻어진 기계적인 시스템으로 환원하려는 시도를 통해 우리는 무엇을 얻을 수 있을까?

　　라이트가 이 책에서 도덕의 기원을 논하면서 논의의 대부분을 결국 남녀 간의 애정과 성적인 문제들에만 국한한 것 역시 또 하나의 아쉬운 점이다. 게다가 성도덕의 모범을 제시하기 위해 다윈이 살았던 영국의 빅토리아 시대를 소개한 것도 딱히 적절한 선택이었다는 느낌이 들지 않는다. 어쩌면 그는 단지 "일부일처제가 원만히 유지되었으면서도 경제적으로 계층화된 사회"를 예로 들고 싶었을 것이다.(169쪽) 평생을 함께하는 일부일처 관계는 인간의 본성과 끊임없이 갈등을 빚어낼 것이며, 따라서 이혼율이 점점 높아지는 현대 사회를 살아가는 우리로서는 도덕의 지혜를 엿볼 수 있는 예로 빅토리아 시대만 한 사례는 없다는 뜻에서. 그러나 거기에 더해 인간 다윈의 결혼 생활을 하나의 도덕적 모범이자 이상적

---

* 에드워드 윌슨, 이한음 옮김, 『인간 본성에 대하여』(사이언스북스, 2000), 206쪽.
** 마이클 토마셀로, 유강은 옮김, 『도덕의 기원』(이데아, 2018), 301쪽.

해결책으로 제시하는 장면에서는 좀처럼 어리둥절하지 않을 수 없다.(169쪽)

'다윈, 종교를 갖다'라는 제목의 마지막 18장에서는 다윈이 신앙심을 잃어버린 후에도 '어떤 의미에서 그는 늘 기독교도였다'면서, 신다윈주의의 패러다임이 사람들의 삶에서 고귀함을 없애버릴지도 모른다는 우려에 신앙인으로서 다윈의 모범적 행동을 재차 예로 들어 답을 제시한다. "왼손이 하는 일을 오른손이 모르게 하라는 것이다. 바로 이것이 진정으로 도덕적인 동물이 되는 길이다."(550쪽) 책을 마무리하는 마지막 장에서 그는 갑자기 예수의 가르침을 꺼내 들어야 할 정도로 어떤 감동적인 여운을 남기려 지나친 욕심을 냈던 것은 아닌지 의심스럽다. 도덕적인 동물로 진화하는 길은 진정 외롭고 고단한 여정임에 틀림없다. 본능과 처절히 싸워야 하면서도 그 싸움을 아무도 알지 못하도록 은밀히 해야 한다니.

## 더 '진화한' 진화심리학이 필요하다

진화심리학에 대한 신뢰는 왜 박할 수밖에 없는가? 진화심리학자들도 인정하듯이, 현대의 인간이 경험하는 환경은 과거에 우리 조상들이 경험했던 환경과 엄청나게 달라졌다. 그들은 이런 상황을 이렇게 표현하기도 한다. "현대인이 머릿속에 석기 시대의 정신을 가지고 돌아다닌다."*

진화심리학은 인간의 본성을 '진화된 심리적 기제(Evolved Psychological Mechanisms, EPM)'라고 본다. 즉, 인간의 본성은 동물로부터 진화한 인류의 조상이 원시 환경 조건에서 생존하기 위해 시행

---

* 케빈 랠런드·길리언 브라운, 양병찬 옮김, 『센스 앤 넌센스』(동아시아, 2014), 209쪽.

**진화된 심리적 기제**

진화된 심리적 기제는 자연선택의 과정을 거쳐 형성된 문제 해결 신경 인지 메커니즘을 가리킨다. 진화심리학자 데이비드 버스는 진화된 심리적 기제를 다음의 여섯 가지 명제로 정리했다. 첫째, 진화된 심리적 기제는 진화의 역사를 통해 그것이 특정 생존 문제나 생식 문제를 반복적으로 해결했기 때문에 그런 형태로 존재하며, 둘째, 진화된 심리적 기제는 아주 좁은 범위의 정보만 받아들이도록 설계되었으며, 셋째, 진화된 심리적 기제의 입력은 생물에게 그 생물이 맞닥뜨린 특정 적응 문제를 알려 주며, 넷째, 진화된 심리적 기제의 입력은 결정 규칙을 통해 출력으로 변하며, 다섯째, 진화된 심리적 기제의 출력은 생리적 활동이나 다른 심리 기제로 보내는 정보나 겉으로 드러나는 행동이 될 수 있으며, 여섯째, 진화된 심리적 기제의 출력은 특정 적응 문제의 해결을 지향한다(데이비드 버스, 이충호 옮김, 『진화심리학』(웅진지식하우스, 2012)).

착오를 겪으며 얻은 것이고, 우리의 정신은 본래 수렵·채집인처럼 생각하도록 설계되어 있었다는 것이다. EPM이란 아주 서서히 진화한 복잡한 메커니즘이기 때문에, 진화심리학자들은 인간의 본성이 플라이스토세(Pleistocene)* 이후로는 별다른 변화를 겪지 않았을 거라 본다. 그러나 이런 가정은 고대에 형성된 유전자에 의해 현재까지 지속적인 영향을 받게 된다는 결정론에서 좀처럼 벗어나지 못함을 인정하는 꼴이다.

최근의 게놈 분석 연구에 따르면 생물학적 진화는 그간 생각해 왔던 것 이상으로 매우 급격하게 진행되어 왔다. 그렇지만 인간의 역사와 문화는 생물학적 진화보다 훨씬 더 빠르게 변화함으로써 기어코 EPM을 낡아 빠진 골동품으로 만들고야 만다. 고대에 형성된 EPM을 가지고 현대를 살아가는 현대인의 심리 기제에 쉽

---

* 지질 시대 구분에서 고대 인류가 살았을 것으로 여겨지는 약 258만 년 전부터 1만 2,000년 전까지의 시기를 일컫는다. 신생대 제4기의 거의 대부분에 해당하며, 홍적세라고도 한다.

게 적용할 수 없다는 말이다. 예를 들어 급격한 환경적 변화로 인해 현대인은 더 이상 번식 성공률을 최적화하는 방식으로 행동하지 않는다. 테크놀로지의 발전으로 인해 애써 구애하지 않고도 체외수정을 통해 원하는 자식을 얻을 수 있다. 마른 몸매가 아름답다는 선호가 생겨 기회가 있을 때마다 지방을 축적하려 했던 성향은 점차 사라지고 있다. 이처럼 진화론적 접근 방식이 더는 유효하지 않은 경우를 이제는 얼마든지 찾아볼 수 있다.

실제로 진화는 진화심리학 교과서에서 다뤄지는 것보다 훨씬 복잡하며, 환경과 문화의 영향을 그 어느 때보다 더 많이 받아 예측 불허의 방향으로 이루어질 가능성이 높다. 진화심리학이 더 유념해야 할 중요한 점 한 가지는 인간의 심리와 행동을 결정하는 데 현대의 문화와 환경이 미치는 영향을 과소평가하지 말아야 한다는 것이다. (아직도 약 50년 전 출간된 도킨스의 베스트셀러 대중서가 마치 진화생물학계의 신탁이라도 되는 양 고스란히 받아들여지고 있는 현실은 그리 반갑지만은 않다.)

진화심리학은 인간이 다른 동물들과 공통으로 가지고 있는 것을 설명하는 데는 도움이 될지 모르나, 동물에게는 없는 인간만의 특별한 정신적 능력이 어디서 기원하는지 설명하는 데는 미흡한 점이 많다. 인간이 서로 다양한 사고와 취향을 가진 특별한 존재이기에 다른 동물과 차이를 보일 수밖에 없음을 유전적으로 설명하는 것 역시 쉽지 않다. 유전자에 의해 인류가 종교를 믿게 된 것을 설명했다고 쳐도 어째서 한 집단은 불교를 믿고 다른 집단은 기독교를 믿는지, 또 어떤 사람들은 왜 신을 전혀 믿지 않는지 설명하기 어렵다. 문화도 마찬가지다. 따라서 EPM이란 기껏해야 어떤 행동을 자유롭게 선택하는 데 필요한 기본적인 틀을 제공해 주는 것에 불과하다고 보는 게 더 맞을 것이다. 개개인의 유전적 구성의 차이가 심리와 행동의 차이와 직접 연결되는지 정확히 알기 위해서는 높은 수준의 정밀한 분자유전학적 연구가 더 필요할 것이다. (그러나 앞서 지적했듯이, 이런 연구는 항상 유전자 결정론과 각종 차별주의를 유발할 위험이 있다.)

　진화라는 용어를 쓰는 데 주의해야 할 점이 또 하나 있다. 다윈은 진화를 정확한 의미로 사용하고자 누구보다도 애쓴 인물이지만, 실제로 진화를 생물학적 의미로만 쓰지는 않았다. 다윈은 『인간의 유래와 성선택』에서 특정 단어가 생존 경쟁을 통해 살아남는 경우도 자연선택에 의한 진화로 보았다. 진화를 사회의 수많은 변화를 설명하는 일반적인 보편 법칙으로 보고자 하는 마음이 없지 않았던 것으로 보인다. 그렇다면 거기서 파생되는 많은 문제에 다윈의 책임이 전혀 없다 하기는 어렵다.

　진화심리학은 어쩌면 뷔페식 레스토랑과도 같다. 계속해서 접시에 담아 오고 싶은 맛있는 음식이 있는 반면, 어쩐지 먹고 싶지 않거나 먹으면 안 될 것 같은 음식도 있다. (그러나 다른 곳에서 접할 수 없는 맛있는 음식이 있는 한, 이 뷔페 레스토랑을 계속 찾게 된다.) 모호한 논리와 문제적 발언으로 논란을 일으키는 일부 연구자들의 저술을 바탕으로 전체 진화심리학자들을 싸잡아 평가절하하는 것은 옳지 못할 것이다. 반대로 진화심리학 연구자들은 자신의 분야에서 빈약한 연구와 근거 없는 서술이 횡행하는 현실을 분별력 없는 몇몇 예외적인 학자들의 일탈로 치부하지 말고 스스로를 점검해 보아야 할 것이다.

　『도덕적 동물』은 과감하면서도 도전적인 책이다. 당대에 진화생물학 분야에서 이보다 더 학술적·대중적 영향력이 컸던 책도 없을 것이다. 라이트는 이렇게 전망한다. "진화심리학이 지금은 비록 유년기의 상태에 있지만 결국은 인간의 마음에 대한 이론들 중 가장 그럴듯하고 가장 바탕이 되는 이론이 될 가능성이 크다는

것이다."(232쪽)

　진화는 인간의 본성을 결국 어디까지 설명할 수 있을까? 만약 (일부의 바람대로) 진화를 '진보'라고도 볼 수 있다면 진화심리학은 앞으로도 오랜 기간 절치부심하며 더 진화할 결심을 해야 할 것이다. 같은 꿈을 꾸는 다른 학문 분야의 방법론과도 과감히 손을 잡을 용기를 내야 할 것이다. 인간의 마음이 진화하는 구조를 섣불리 오판해 학계의 갈라파고스가 되지 않도록, 대중의 필요에 영합해 과학과 소설의 경계를 함부로 넘나들며 '아무 말 대잔치'를 벌이는 양치기 소년이 되지 않도록. **서리북**

정우현

본지 편집위원. 덕성여자대학교 약학과 교수이자 분자생물학자. 유전체 손상과 불안정성을 일으키는 여러 요인과 스트레스에 대한 생명의 다양한 대응 기전을 연구한다. 생물학에는 다른 학문이 놓치고 있는, 무언가 아주 중요한 것이 숨어 있다고 믿는다. 저서로는 『생명을 묻다』가 있다.

📖 진화론으로 인간의 행동과 사회를 이해하고자 하는 다섯 갈래의 주요 방법론들(사회생물학, 인간행동생태학, 진화심리학, 문화진화론, 유전자-문화 공진화론)을 균형 잡힌 감각으로 비교하며 소개하는 책. 지금 당신의 모습을 만든 것은 유전자인가, 문화인가? 간단하지만 결코 답하기 쉽지 않은 이 질문에 다윈의 후예들은 어떻게 답하고자 할까?

"하지만 인간의 행동 중에서 진화론으로 설명할 수 있는 부분은 실제로 얼마나 될까? 신문 보도와 대중 과학서의 이면에는 어떤 불편한 진실이 숨어 있을까? 단도직입적으로 말해, 이 책은 이러한 의문에 답을 제시하기 위해 쓰였다."—책 속에서

『센스 앤 넌센스』
케빈 랠런드·
길리언 브라운 지음
양병찬 옮김
동아시아, 2014

📖 다윈주의자이자 진화생물론자임을 자처하는 여성학 연구자 마리 루티는 진화심리학이 제공하는 '모범 답안'과 젠더 프로파일링에 자주 소환되는 '화성남 금성녀' 이론에 거센 반격을 시도한다. 그러나 이 책을 꼭 젠더 불평등 이슈의 관점으로만 읽을 필요는 없다.

"언론의 자유가 있는 나라에서는, 상상할 수 있는 가장 불쾌한 생각조차 박해받지 않고 말할 자유가 있다. 그러니 남성의 공격성과 여성의 조신함을 기본 축으로 하는 성 문화를 예찬하고 싶다면 그렇게 하라. 단 이러한 예찬이 과학적으로 정당하다는 말만은 제발 하지 말아 달라."
—책 속에서

『나는 과학이 말하는 성차별이 불편합니다』
마리 루티 지음
김명주 옮김
동녘사이언스, 2017

문학

서울
리뷰 오브
북스

# 드보르자크의 첼로 협주곡과
# 타자기 전쟁

한성우

끔찍한 꿈을 꾸었다. 어린 시절 요를 젖게 하던 뱀 꿈이나 매년 11월 초에 내일모레가 학력고사인데 아직 미적분 공부를 시작도 못해 절망하는 수능 꿈이 아니다. 1992년도 봄, 사단 본부에 근무하는 이등병 하나가 타자기 앞에서 절망한다. 전역 대상자 명단을 작성하라는 장교의 명령, 그런데 타자기가 말썽이다. 틀림없이 두벌식 타자기 앞에 앉았는데 네벌식으로 작동한다. 할 수 없이 네벌식 타자기로 옮겨 앉았는데 두벌식으로 작동한다. 제대해야 하는데, 그 명단에 내가 있는데 이름이 찍히지 않는다. 영원히.

꿈에서 깨어 눈을 뜨니 새벽 4시, 더 뒤척여 봤자 잠을 청하기는 틀렸으니 일어나 커피를 한 잔 준비해 컴퓨터 앞에 앉는다. 식구들이 깰세라 컴퓨터에 이어폰을 꽂고 인터넷을 타고 내게로 온 클래식 FM을 듣는다. 전역한 지 30년이 넘었는데 왜 이런 꿈을 꾼 것일까? 순간 '두둥실 두리둥실 배 떠나간다'란 노랫말이 귀에 꽂힌다. 흘러나오는 노래는 안토닌 드보르자크의 첼로 협주곡인데 웬 가사? 맞다. 이 곡의 140번째 마디는 틀림없이 가곡 〈사공의 노래〉

의 이 가사 부분과 선율이 같다.

워드 프로세서를 켜니 어젯밤 작성하다 덮어 둔 논문 「타자기가 쏘아 올린 쓰기와 읽기 혁명」이 화면에 나타난다. 한국어의 말소리와 방인만 캐오던 이가 쓰는 제목치고는 좀 야하다. 아니다. 그래도 첼로를 사랑하는 목수로서 꼭 쓰기로 스스로에게 약속을 했으니 반드시 써야 한다. 음악을 들으며 쓰다 만 원고를 보니 방금 꾼 악몽이 이해된다. '첼로를 사랑하는 목수'라는 별명으로 또 다른 삶을 살아온 것, 군 복무 시절 내내 타자병으로 산 것, 문자의 역사와 한글 타자기의 역사에 관심을 가졌던 이유가 뒤엉키면서.

드보르자크의 첼로곡을 듣다가 마주친 선율을 좇다 보면 일제 강점기의 천재 음악가를 만나게 된다. 그 이름은 도례미(都禮美), 딱 봐도 음악가의 예명 또는 필명이다. 바이올린과 피아노 연주자, 수백 곡을 작곡한 작곡가, 외국 소설 번역은 물론 자신의 글까지 활발하게 발표한 팔방미인이다. 그저 〈봉선화〉와 〈사공의 노래〉나 작곡하고 조용히 살다 갔으면 좋았을걸, 유명세를 타다 보니 결국 수양동우회 사건에 연루돼 감옥살이를 하다 모진 고문에 전향해 말년에 친일을 하다 생을 마감한 이다.

그런데 도례미 씨의 삶의 여정을 캐면 캘수록 흥미롭다. 음악과 문학이 어우러진, 그것이 엉뚱하게도 타자기로 이어진, 결국에는 한글에 대한 고민에까지 다다른. 살아생전에는 꿈을 펼칠 수 없었지만 결국에는 승리한, 그래서 쓰고 읽는 것에 대한, 나아가 인쇄와 출판 문화까지 영향을 미친 그의 생각을 따라가고 싶을 만큼.

## '도보락'과 '드보락'을 만나다

1931년의 시카고는 도레미 씨에게는 신세계였다. 1926년의 도쿄 고등음악원에서의 수학 경험이 우물 안 개구리를 벗어나게 해주었다면 시카고 셔우드 음악학교의 학사과정은 신세계 교향곡 4악장만큼이나 가슴이 벅차오르게 했다. 특히 보헤미아 출신으로 미국에서 잠시 활동했던 세계적 작곡가 드보르자크와의 만남이 그러했다. 드보르자크는 1895년에 미국을 떠났으니 작품으로밖에 만날 수 없었는데 신세계 교향곡은 물론 첼로 협주곡 B단조가 안겨 준 충격은 결코 잊을 수 없었다.

자신의 예명과 같은 성씨인 '도보락(都譜樂)'으로 이름까지 지은 후 본격적으로 그의 흔적을 찾던 도레미 씨에게 행운이 찾아왔다. 자신보다 네 살 위의 또 다른 도보락, 아니 미국식으로 드보락으로 발음하는 도보락의 7촌 조카를 만난 것이었다. 그의 아버지가 일찌감치 미국으로 건너와 도보락 아저씨는 본 적도 없었지만 조국의 위대한 작곡가가 아저씨뻘이니 그의 자부심은 대단했다. 도레미 씨는 드보락을 통해 첼로 협주곡의 악보를 처음 접하고는 마음에 드는 부분을 편곡해 바이올린으로 연주해 보기도 했다.

"여보게, 레미, 이 부분 연주해 보게. 내가 붙인 노랫말로 불러 볼 테니."

바로 첼로 협주곡의 140번째 마디다. 드보락은 반듯한 글자가 찍힌 종이를 보며 물 맑은 봄 바다에 두둥실 떠가는 배를 아름답게 묘사한 노래를 불러 주었다. 듣고 보니 선율과 가사가 딱 맞아떨어진다. 그런데 도레미 씨의 시선은 가사를 적은 종이 위의 반듯한 글씨체에 머무른다.

"이 글씨체가 신기한가? 타자기 아냐? 내가 만든 새로운 타자기로 친 걸세. 훨씬 더 빠르고 정확하지."

그렇다. 쿼티(QWERTY) 자판과 100년 가까이 싸움을 벌여 오고 있는 드보락 자판을 고안한 그 사람이 바로 도보락의 조카였던 것이다. 이날의 경험은 도레미 씨의 뇌리에 선명히 기록되었다. 첼로 협주곡의 선율과 어우러진 봄 바다의 배를 읊은 아름다운 가사는 물론 그것을 찍어 낸 반듯하고도 선명한 글씨체 모두.

## 김윤경과 이극로와의 인연

도레미 씨의 귀국 후 행적은 화려했다. 천재 작곡자이자 연주가인 그에게 일본과 미국에서 경험한 신세계는 작곡과 연주의 끊임없는 원천이었다. 대학에서의 음악 강의, 실내악단 조직과 활동, 음반사와 방송국 책임자, 최초의 관현악단 조직과 지휘, 음악 잡지 발간 등 모든 역량을 쏟아부어 음악인과 작가로서의 활동을 이어 나갔다. 이렇게 바쁜 와중에도 타자기에 대한 관심은 지속돼 같은 단체에서 활동하던 국어학자 한결 김윤경에게 드보락으로부터 들은 타자기에 대한 정보를 끊임없이 제공했다. 그러나 알파벳은 왼쪽에서 오른쪽으로 한 글자씩 차례로 이어 쓰면 되지만 한글은 자음과 모음을 모아 음절 단위로 써야 하는 것이 문제였다.

"례미 선생, '한글'을 'ㅎㅏㄴㄱㅡㄹ'처럼 풀어쓰기를 하면 어떻겠소."

"한결 선생님, 그건 음악에서의 화음을 풀어서 연주하라는 것과 같습니다. 아르페지오로도 화음을 만들어 낼 수 있다지만 세종 임금께서는 초성, 중성, 종성이 하나의 화음을 이루도록 글자를 만드신 것으로 생각됩니다."

"그래도 기계로 글자를 치자면 어쩔 수 없는 것 아니겠소."

"음악은 작곡자나 연주자를 위한 것이 아니라 듣는 이를 위한 것입니다. 글자 또한 쓰는 사람이 아닌 읽는 사람을 위한 것입니다. 작곡자나 연주자 편하자고 곡을 멋대로 바꾸면 되겠습니까?"

"허허 례미 선생, 당신은 세종 임금을 만나 본 것처럼 말하는 구려."

풀어쓰기는 일찍이 주시경이 제안한 것으로서 컴퓨터가 본격적으로 보급되던 시기까지 줄기차게 이어진 주장이기도 했다. 그러나 도례미 씨는 단호했다.

"때와 사람이 갖춰지면 해결되지 않을까요? 도보락의 선율이 드보락에게 전해져 가사가 붙여지고 제가 함호형의 시를 접한 후 도보락의 선율을 얹어 〈사공의 노래〉를 작곡했듯이 말입니다."

안타깝게도 도례미 씨는 타자기에 대한 생각을 더는 발전시키지 못한 채 세상을 뜨고 말았다. 수양동우회 사건으로 수감되어 모진 고문 끝에 전향서를 쓰고 나서야 풀려날 수 있었다. 이후 이어진 도례미 씨의 친일 행각에 도례미 씨의 말을 들어줄 국어학자나 공학자는 없었다. 게다가 미국에서의 교통사고로 얻은 늑막염이 수감 중 도져 1941년에 천재 음악가의 삶은 친일 음악가로 낙인이 찍힌 채 마감되었다.

그런데 도례미 씨가 말한 좋은 때와 사람은 우연한 기회에 찾아왔다. 김윤경의 절친인 국어학자 이극로가 눈병이 나자 우리나라 최초의 안과 의사인 공병우를 찾는다. 이극로는 김윤경에게 전해 들은 타자기에 대한 생각을 공병우에게 말한다. 속도와 정확한 타자를 위해 쿼티 자판과 결투를 벌이던 드보락의 노력이 전해진다. 그리고 음악은 듣는 이를 위한 것이듯 글자는 읽는 이를 위한 것이라는 도레미 씨의 신념도 전해진다. 르네상스적 인간 공병우의 눈이 반짝이는 순간이었다.

## 타자기 전쟁

이극로를 통해 타자기와 한글에 대한 지식을 얻은 공병우는 본격적으로 타자기 개발에 뛰어든다. 음악의 화음을 포기할 수 없듯이 한글의 모아쓰기를 포기할 수 없다는 것을 안 공병우는 어렵사리 타자기로 한글을 모아쓸 수 있는 방법을 고안한다. 네모반듯한 글자는 아니지만 타자기로 한글다운 글자를 만들어 낸 공병우의 성공 사례는 다른 개발자를 자극한다. 그리하여 지구상 어디에도 없는 타자기를 둘러싼 극한 전쟁이 시작된다.

공병우는 도레미 씨의 화음 이론을 완벽히 이해한 듯 3화음의 세벌식 타자기로 시종일관한다. 알파벳을 위한 타자기는 왼손과 오른손만을 고려하면 되는 2화음이다. 사람의 손이 두 개이니 당연한 결과이나 공병우는 초성, 중성, 종성의 3화음을 고집한다. 그것이 한글의 원리에 맞고 그렇기 때문에 빠르고 정확한 타자가 가능하기도 했다. 그리고 이것이 대세인 듯했다.

공병우의 타자기는 4화음과 5화음을 주장하는 이들의 강력한 도전을 받는다. 한글이 초성, 중성, 종성 셋으로 구성된 것은 맞지만 받침이 있고 없고에 따라 초중종의 글자 모양이 달라진다. 이것을 무시하면 타자된 글자가 네모 안에 들어가지 않고 빨랫줄의 빨래마냥 들쭉날쭉해진다. 그래서 글자를 네 벌, 또는 다섯 벌을 만들면 네모반듯하고 예쁜 글씨를 타자기로 만들어 낼 수 있다. 속도는 느리지만 글자는 예쁘니 찾는 이들이 늘어난다. 게다가 정부에서 네 벌식을 표준으로 정하다 보니 널리 퍼져 나가게 된다.

그런데 이 타자기 전쟁은 도대체 화음이라고 볼 수도 없는 2화음의 두벌식에 의해서 의외로 허무하게 끝이 난다. 마치 영화 〈인디아나 존스〉에서 화려한 칼춤을 추던 이집트 칼잡이가 인디의 무심한 총 한 발에 죽음을 맞이하듯이. 타자기의 뒤를 이은 워드 프로세서와 컴퓨터가 인디의 총 역할을 한다. 세 벌, 네 벌, 다섯 벌의 싸움은 '기계'에서의 싸움이었는데 '전자'의 세계로 들어가니 아무런 의미도 없었다. 그저 직관적으로 자음과 모음 두 벌을 만들어 놓고 나머지는 전자적으로 처리하면 되니.

## 진정한 승리자

그토록 치열했던 전쟁이 너무도 맥없이 끝났다. 한글의 구성 원리나 음악의 화음 이론 모두 결과적으로는 덧없는 외침이었다. 두벌식은 글자도 예쁘지 않고 속도도 느리니 싸움에 뛰어들 수도 없었는데 기계가 아닌 전자의 도움으로 손쉬운 승리를 얻은 것이다. 이리 보면 타자기 싸움은 패자도, 진정한 승자도 없이 허무하게 끝나고 말았다.

문학 · 에세이

그러나 아니다. 이 싸움은 모두가 승리자이고 궁극적으로는 세종이 승리자이다. 타자기 싸움의 초점은 빠른 속도와 예쁜 글꼴에 맞춰졌는데 이는 결국 한글 때문이다. 글자는 자음과 모음 두 벌인데 소리는 초성, 중성, 종성 셋이다. 그런데 종성은 다시 초성을 쓰니 어찌 보면 둘이다. 타자기 전쟁을 벌인 이들은 결국 세종이 낸 숙제를 붙들고 머리를 싸맨 것이다.

이 싸움은 또한 모아쓰기를 고안한 세종의 깊은 뜻을 헤아리는 싸움이기도 했다. 소리글자이니 풀어써도 그만이지만 모아쓰면 단위당 정보량이 세 배가 된다. 'WBC'가 'World Baseball Classic'의 약어인지를 파악하기는 너무도 어렵지만 '노찾사'가 '노래를 찾는 사람들'의 약어인지는 금세 파악되는 이유이기도 하다. 글자는 쓰기 위한 것이 아니라 읽기 위한 것이라는 근원적인 목적을 파악한다면 3화음부터 5화음까지 빠르면서도 예쁜 글자를 위한 타자기를 개발한 모든 이가 승자이기도 하다.

그런데 모두가 간과하지만 타자기 전쟁의 숨은 승리자는 한글이다. 타자기 덕분에 한글은 한자와의 전쟁에서 조용히 승리하게 된다. 온통 한자투성이던 신문과 책이 어떻게 한글 일색으로 바뀌게 되었는가? 한글 전용론자들의 투쟁 때문인가? 아니다. 타자기의 한계 때문이다. 한자를 쓸 수 없는 탓에 한글로만 썼는데 그것이 읽기에 큰 지장이 없다는 것이 자연스럽게 확인되었다. 그렇게 타자기는 소리 없이 한자를 밀어내고 한글의 손을 들어 주었다. 그리고 인쇄장이는 물론 한자를 어려워하는 모든 이들을 한자로부터 해방시켜 주었다.

"탁, 타닥, 탁탁타다다닥⋯⋯."

토요일의 중노동으로 좀 더 잠을 청해야 하는데 일요일 새벽에 아내가 키보드 소리로 잠을 깨운다. 잠을 깨우는 건 좋지만 나의 꿈을 망치다니. 첼로를 사랑하는 목수와 도보락, 그리고 도레미 씨와의 만남을 이렇게 허무하게 끝내다니. 김윤경과 이극로와의 열띤 토론을 결론도 없이 끝내 버리다니⋯⋯. 그런데 큰일이다. 꿈속에서 꿈을 꾸면 꿈에서 깨어나도 꿈인지 현실인지 여전히 구별이 안 된다. 그만 자리를 털고 일어나 도보락의 첼로 협주곡과 커피를 즐겨야겠다. **서리북**

한성우
서울대학교 국어국문학과에서 학사부터 박사까지 마친 후 인하대학교에서 학생들과 함께 한국어의 말소리와 방언을 공부하고 있다. 새벽에는 주로 글을 써서 『방언정담』, 『우리 음식의 언어』, 『노래의 언어』, 『문화어 수업』, 『말의 주인이 되는 시간』 등의 언어 관련 책을 썼다. 주말과 휴일에는 '첼로를 사랑하는 목수'로 살며 목공과 음악에 몰두하고 그 경험을 살려 에세이집 『꿈을 찍는 공방』을 썼다. 해마다 4월 1일에 말, 나무, 음악에 대한 이야기를 엮은 글을 쓰는데 이 글 또한 그와 같은 결로 쓴 것이다.

# 그래, 책이라도 있어서 어딘가,
# 내세울 것 없는 세상에

박해울

재작년 초여름, 서울국제도서전에서 '한국 SF의 다음 발걸음'이라는 대담에 참여한 적이 있다. 나 외에 두 명의 SF 작가와 사회자가 참여하는 큰 자리였다. 대담에 참여하기에 앞서 몇 달 전에 질문지를 먼저 받았는데, 거기에 '한국형 SF는 어떤 특징이 있는가'라는 질문이 있었다. 나는 한국형 SF에 대한 전체적인 특징은 나 같은 일개 작가가 아닌 평론가들에게 물어야 할 것 같다고, 하지만 개인적으로 체감하고 있는 한국형 SF의 특징은 소수자에 대한 시선이 두드러지며 차별과 빈부격차에 관한 이야기가 녹아들어 있는 것이 아닌가 싶다고 적었다. 그렇게 답변을 쓰고 다음 질문으로 넘어가려는데 불현듯 '나도 차별과 빈부격차에 대해 쓰고 있는데, 그것은 무엇 때문일까?'라는 질문에 사로잡혔다. 며칠간 생각한 후 나는 질문지에 다음 문장을 써 내려갈 수 있었다. '내가 차별과 빈부격차에 대해 쓰는 이유는, 작은 임대아파트에서 살았던 경험이 있기 때문인 것 같다'고.

　평소 나는 내 개인사를 이야기하는 것을 좋아하지 않는다. 소설을 쓰는 사람이니 소설로만 평가받아야 한다고 생각하기 때문이다. 그러니 그 대담은 나에게 있어 큰 용기를 요구하는 자리였다. 대담은 무사히 치러졌다. 나는 무대를 내려가면서 두 번 다시 개인사를 털어놓지 않아야겠다고 생각했다. 옷이 발가벗겨진 것처럼 부끄러웠다. 그 이후 용기를 내어 대담 후기를 인터넷에서 찾아봤는데 다행히 좋은 평들이 있었다. 나는 그 평을 읽으며 어쩌면 잘 말한 것일지도 모른다고 생각했다. 그리고 어쩌면, 조금 더 임대아파트에서의 삶을 털어놓아도 괜찮지 않을까 하는 용기를 얻었다.

*

나는 인생의 대부분을 책에 둘러싸인 집에서 보냈다. 아버지가 독서광이었기 때문이었다. 태어나서 네 살까지 자랐던 서울의 어느 단칸방에서도, 네 살부터 초등학교 4학년까지 살았던 작은 주택에서도 나는 책과 오래된 신문과 뒹굴며 지냈다. 그리고 초등학교 4학년 말엽부터 서른 살이 넘을 때까지 나는 부모님과 함께 20년간을 서울의 실평수 9평짜리 임대아파트에서 살았다.

　이야기에 들어가기에 앞서, 그 아파트가 어떻게 생겼는지 설명해야 할 것 같다. 빼곡하게 문이 달린 복도를 지나면 철문 하나가 나온다. 그곳이 바로 우리 집이다. 일단 문을 열면 바로 안방 겸 거실로 쓰는 방과 베란다가 훤히 내다보이는데, 그게 집의 끝이다. 방은 현관 오른쪽에 하나가 있는데 작은 방의 면적은 약 2평 정도였다. 침대는 포기하고 책상과 책장만이 있는 구조다(자려고 바닥에 누우면 왠지 관짝에 누워 있는 기분이 든다). 다시 방 밖으로 나오면 복도 겸 작은 주방이 있고, 작은 화장실이 딸려 있다. 그리고 미닫이문 너머로 처음 말했던 약 5.5평짜리 안방 겸 거실과 베란다가 나온다. 우리는 셋이서 20년을 그곳에서 살았다.

중·고등학교 시절에 나는 친구들을 집에 데려와서 같이 노는 것을 좋아했다. 그래서 친한 친구들은 한 번 이상 우리 집에 와서 놀다 갔다. 그런 나를 보며 엄마는 내게 집이 좁아서 부끄러울 수도 있을 텐데, 어떻게 그렇게 잘 데려오냐고 물었다. 나는 엄마가 너무 걱정하는 게 싫어서, 믿음직한 자식으로 보이고 싶어 전혀 부끄럽지 않다고 말했다. 하지만 이제 와 생각해 보니 전혀 부끄럽지 않았던 것은 아니었던 것 같다.

집 때문에 직접적으로 배제받거나 차별을 당한 잊지 못할 대사건 같은 건 없었다. 하지만 작은 사건들은 여전히 뇌리에서 잊히지 않는다. 다른 동의 놀이터에서 놀면 어른들이 '너희 어느 동네에서 왔어? 여기 동네 애들 아니지?'라고 한마디씩 이야기를 듣는 것은 일상다반사였다. 고등학교 때는 건너편 동에 살던 같은 반 애가 있었는데, 등하교 때에 갑자기 보이지 않아 이사를 갔느냐고 물으니 '우리 아빠가 거기 사는 거 너무 쪽팔려서 안 되겠다 하시더라'는 이야기를 했다. 나는 이 이야기를 듣고 열패감과 부모님에 대한 원망에 사로잡히기도 했다. 언젠가는 우리 아파트에 갑자기 소나무와 까치 벽화가 그려져서 다들 의아하게 여겼는데, 그걸 보고 다른 동 사람들이 인터넷 카페에서 '그 미관 해치는 벽화 보셨어요? 이래서 임대아파트가 문제지. 우리 집값까지 내려가게 생겼어요. 빨리 임대 동 빼고 리모델링 진행해야겠어요'라고 쓴 글을 본 적도 있다. 임대아파트 사람 중 그 벽화를 원한 사람도, 벽화가 그려질 거라는 사실을 아는 사람도 없었을 텐데 말이다.

이런 사소한 순간들은 내 몸을 강하게 타격하지는 않는다. 하지만 생채기도 여러 번 나면 괴롭지 않을 수 없다.

사람들은 조금만 친해지면 너무도 쉽게 어디 사느냐고 물었다. 거기에 악의가 없다는 것은 나도 알았다. 하지만 아직도 이 말을 들으면 가슴이 철렁한다. 외지인의 경우에는 괜찮다. 하지만 동네 사람일 경우에는 상황이 좀 다르다. 왜냐하면 그 아파트에 산다는 것은 액면 그대로 '거기에 산다'는 의미만 있는 게 아니기 때문이다. 동네 사람들은 그 아파트에 사는 것을 '이 사람에게 무언가 하자가 있다'라고 받아들이고는 했다. '아니 어쩌다 그런 곳을?', '네가 거기에 산다고? 다시 보이네', '(별 대꾸 없이) 쯧쯧' 같은 눈빛을 비추었다.

임대아파트 거주자의 자격지심이라고 생각할 수도 있겠으나, 같은 것도 여러 번 겪으면 확신처럼 느껴지는 법이 아니던가. 그것은 어느 동에 산다고 하면 머릿속의 계산기가 돌아가는 어른들 말고도, 아이들에게도 느낄 수 있는 눈빛이다. 또한 같은 아파트에 사는 사람들에게서도 동족 혐오의 눈빛을 읽을 수 있다. '내가 원래는 여기 있으면 안 되는 사람인데 재수가 없어서 여기 끼어 있다'는 의미가 담겨 있는 눈빛이다.

나는 사람들이 내게 보내는 눈빛을 알지만 애써 무시했다. 나는 이곳에 입주할 때부터 워낙 이 눈빛을 많이 봐왔고, 그럴 때마다

문학·에세이

그런 눈빛에 신경 쓰면 지는 것이라고 교육받았기 때문이다.

나도 그냥 아파트에 살고 싶었다. 아무 꼬리표도 붙어 있지 않는 그냥 아파트. 그러니까 1층 현관에서 비밀번호를 찍고 들어가는 그런 평범한 아파트 말이다. 십 거실에는 소파가 있고, 주방에는 식탁이 있으며, 내 방에는 책상과 침대가 있는 그런 평범한 아파트. 그렇지 않으면 아무 수식도 없는 작은 빌라라도 좋았다.

영화나 소설 속 임대아파트에 사는 주인공은 당당하고 털털하며 거주지에 대해 쉽게 인정하고 받아들이던데, 나는 그런 척했을지언정 마음까지 초연해지지는 못했다.

나는 항상 생각했다. 왜 집의 크기를 가지고 타인이 나를 대하는 방식이 달라지는가? 돈이 있으면 이곳에서 살지 않게 될까? 어디서부터 잘못된 걸까? 우리 가족이 단칸방에서 시작했기 때문에 그런 걸까? 다들 열심히 사는데 왜 누구는 가난하고 누구는 돈이 많을까? 그냥 원래 살던 경기도의 주택으로 다시 돌아가면 안 되는 걸까?

시간이 흐르면 무덤덤해질지도 모르는 일이었다. 하지만 절망적이게도 상황은 나아지기는커녕 악화 일로를 걸었다. 다시 처음으로 돌아가 보자. 내가 살고 있는 집은 좁은 아파트이자 책에 둘러싸여 있는 곳이었다. 그곳에 시간이 흐른다고 생각하면 어떻게 될 것 같은가? 정답은 '그나마 비어 있던 공간마저 책으로 가득 찬다'이다. 내가 나이를 먹고 집이 낡아 갈수록 좁은 방은 나를 옥죄는 듯했다.

앞서 우리 집의 구조와 면적에 대해 이야기했는데, 책 이야기도 배놓을 수가 없다. 우리 집은 벽이 보이지 않을 정도로 책장이 빼곡히 들어차 있었다. 벽이 없어 포스터 한 장도 붙일 수 없는 처지였다. 싱크대 맞은편에도 책장은 복도 벽처럼 늘어서 있었고, 책상 위에도 벽에 부착된 책장이 있었으며, 거실의 TV장 쪽에도 TV 주변을 에워싸고 한쪽 면을 잔뜩 메운 책장이 있었다. 그것도 원래 책장의 쓰임대로 책 몇 권이 칸 안에 얌전히 들어가 있는 것이 아니라, 맨 처음 책이 무엇이었는지 알 수 없게 두세 겹씩 쌓였고, 그도 모자라 틈이 조금이라도 있다 치면 가로로 책이 쑤셔 박히기도 했다. 책장이 없는 곳에는 책과 신문이 지층처럼 가로로 쌓여 바닥과 천장을 지지대 삼아 버티고 있기도 했다. 누가 주인인지 도무지 알 수 없는 집이었다. 그러다 보니 몇 번인가 자고 있던 내 몸 위로 책이 쏟아져 내린 적도 있었는데, 그 때문인지 나는 자기 전에 매일 밤 책이 내 몸 위로 떨어질까 두려움에 떨었다. 나는 새벽에 붕괴한 책 더미를 노려보며 책을 모으는 아버지에 대해, 좁은 집에 사는 처지를 비관했다. 언제라도 이 집을 뛰쳐나가고 싶었지만 지금 모은 돈으로는 우리 집과 다를 바 없는 좁은 원룸을 전전할 수밖에 없을 것 같았다. 나는 대학을 졸업한 이후로 한 번도 쉬지 않고 일을 했다. 하지만 그 또한 깨진 독에 물 붓기였다. 나는 내 공간에 대한 욕망을 버려야만 했다.

좁은 방에서 현실을 도피할 방법은 픽션의 세계로 숨는 것뿐이었다. 아이러니하게도 가장 손쉽게 현실을 도피하는 방법은 나를 괴롭혔던 책에 있었다. 아버지는 내가 싫어했던 그 책 더미 속에서 가끔 보물을 캐내어 나에게 주었다. 책은 재미있었다. 나는 책을 읽으며 좁은 집에서 손쉽게 다른 세계로 갈 수 있었다.

그곳에서 나는『브리태니커 백과사전』을 읽었고, 박완서, 조세희, 은희경, 김영하, 김연수, 김애란, 박민규의 소설을 읽으며 자랐다. 때로는 이강백의 희곡집을, 때로는 가르시아 마르케스와 보르헤스와 카프카와 르 클레지오와 장 자크 상페와 움베르토 에코의 책을 읽었다. 이곳이 아닌 다른 세계에 대한 열망은 영화와 게임으로도 이어졌다. 나는 그 집에서 〈베를린 천사의 시〉, 〈시네마 천국〉, 〈그랑 블루〉, 〈부에나 비스타 소셜 클럽〉, 〈센과 치히로의 행방불명〉, 〈매트릭스〉, 〈반지의 제왕〉, 〈해리 포터〉, 〈인생은 아름다워〉 같은 영화를 보았고, 밤을 지새우며 작은 방의 컴퓨터로 '마비노기'와 '창세기전'과 '문명'을 플레이했다.

나는 픽션 속 다른 세계를 사랑했다. 그중에서도 나는 판타지와 SF를 사랑했다. 판타지와 SF는 현실과 다른 곳에서부터 시작했다. 그 세계에서는 가장 억압받던 사람이 주인공이 되어, 체제를 부수고 새로운 세상을 만들어 냈다. 그 점이 나를 통쾌하게 했다. 불가능한 일이 보잘것없는 개인에 의해 완성되는 일이 현실에서는 좀처럼 일어나기 어렵지만, 판타지와 SF 속에서는 가능했다. 그리고 괴상하게 생긴 괴물과 다른 종족들이 나오는 것도 좋았다. 계속 다른 세계를 엿보다 보니 마음속에서 창작욕이 샘솟기 시작했다. 내가 좋아하는 설정과 캐릭터로 가득 찬 나만의 세계를 만들어 보고 싶었다. 그래서 때로는 그림을 그렸고, 때로는 글을 썼다. 나는 그렇게 칸 없는 연습장을 채워 나갔다. 그때마다 오늘 겪었던 외부의 시선은 저절로 잊혔다. 아마 내가 SF를 쓰는 작가가 된 것은 이런 경험들이 모였기 때문일 것이다.

시간이 지난다는 것은 여러 의미를 내포했다. 그것은 앞서 말했던 집이 책으로 좁아지는 것을 의미하기도 했지만, 내가 이 생활에 적응하고 친구들을 사귈 수 있다는 가능성을 의미하기도 했다. 타인의 시선을 피할 방법은 주변에 좋은 친구들을 두는 것이었다.

나는 친구들을 집에 자주 데려왔다. 나는 그 작은 집에서 친구들과 함께 교복을 입은 채로 라면을 끓여 먹었고, 때로는 닭고기를 사다가 찜닭을 해 먹기도 했다. 배가 부르면 작은 방에 옹기종기 모여 앉아 작은 모니터로 영화를 보았고, 온라인 게임을 했고, 유튜브를 보았다. 때로는 우쿨렐레를 치고 노래도 불렀다. 가끔 크게 웃는 통에 책 더미가 와르르 쓰러지기도 했지만, 다시 쌓으면 그만이라며 개의치 않았다. 부모님은 내가 친구들을 데려오는 이유를 집에 대한 콤플렉스가 없기 때문이라고 생각할 것이다. 하지만 그것은 틀렸다. 친구들을 데려오는 이유는 집이 나라는 사람을 알게 해주는 핵심이자 가장 밑바닥이라고 생각했기 때문이다. 나는 즐겁게 대접하고 싶은 마음 반, '이런 집에 사는 나를 좋아해 줄까?' 하는 조마조마한 마음 반으로 친구들을 데려오고는 했다.

많은 친구가 우리 집에 왔다. 그리고 툭하면 '너네 집 가서 놀면 되잖아'라고 장난스럽게 말했던 녀석들이 지금도 내 곁에 친구로 남아 있다. 나는 성인이 된 후에도 남아 있는 친구들에게 우리 집이 너무 좁고 책이 많아서 놀기에는 나쁘지 않았냐고 물었다. 그러자 다들 어깨를 으쓱하며 이렇게 말하는 것이었다.

"테마가 있는 집이라 좋았는데. 무슨 영화에 나오는 집 같고."

"재밌었어. 가끔 거기서 끓여 먹은 라면도 생각나."

"집이 작은 게 뭐 어때서? 너네는 책이 많잖아. 난 그게 부러웠어."

친구들의 말은 나에게 안정감을 주었다. 그들이 없었더라면 나는 지금까지도 작은 집에 산 것을 콤플렉스로 여겼을지도 모르겠다. 그리고 이런 글을 써 내려가지도 못했을 것이다.

*

나는 지금 그 집에 살지 않는다. 그 집을 나온 지 몇 년이 흘렀음에도 나는 옛날의 기억이 달콤하게 느껴지지 않는다. 아마 그 기억이 긍정적인 감상으로 남으려면 10년이나 20년은 있어야 할 것 같다. 나는 그 집에서 나온 이후에도, 그때의 습관을 그대로 가지고 있다. 책은 웬만하면 전자책으로 사려고 하고, 잠을 잘 때 많이 뒤척이지 않는다.

하지만 나는 가끔 생각한다. 그 집에서 살지 않았더라면, 그렇게 애증이 생기던 책을 읽지 않았더라면 지금쯤 나는 무엇이 되어 있을까. 임대아파트에 살면서 나는 사람들이 나를 동정하거나 싫어하는 눈빛을 잘 눈치채게 되었다. 하지만 그것을 무시하는 방법도, 그 시선에서 벗어나 자신만의 삶을 꾸리는 방법도 알게 되었다. 지금도 나는 어디서나 잘 자고, 잘 먹고, 씩씩하게 지낸다. 여전히 그 집을 원망하지만, 그 집에서 살았던 세월 또한 나의 일부임을 인정해야만 한다.

이 에세이는 'SF를 쓰게 된 계기가 무엇인가요? 당신은 왜 차별과 빈부격차에 대해 글을 쓰나요?'라는 질문에 대한 개인적인 답변이다. 무한한 우주에 대한 동경에서 시작했다거나, 어떤 책을 감명 깊게 읽고 쓰기 시작했다거나 하는 낭만적이고 멋진 계기가 아니라서 독자들이 실망할까 봐 걱정된다. 멋져 보이기에는 글렀고 부끄럽기만 하다.

하지만 이 에세이가 좁은 집에서 살아가는 누군가에게 위안이 될 수 있다면 그것만으로도 만족한다. 마지막으로 이야기하고 싶다. 집 같은 건 별로 상관없다고. 중요한 것은 나 자신 그대로라고. 집이 우리를 규정하지 않는다고.

내가 겪은 일에 '굴곡'이나 '상처'라고 이름을 붙이기에는 너무 거창하다. 어려움 없고 굴곡 없는 사람이 얼마나 있으랴? 하지만 만약에 그런 것들이 개인의 스타일을 만들어 낸다면 나도 남에게 없는 나만의 스타일이 있는 셈이다. 이런 스타일은 작가라는 직업에 큰 자산이 된다고 생각한다.

그래, 책이라도 있어서 어딘가, 내세울 것 없는 세상에. **서리북**

박해울
소설가. 장편소설 『기파』로 제3회 한국과학문학상 장편 부문 대상을 수상했다. SF 앤솔러지인 『이토록 아름다운 세상에서』와 『우리는 이 별을 떠나기로 했어』, 리디북스 '우주라이크 소설' 시리즈 등에 참여했다.

# 지금 읽고 있습니다

[편집자] 〈지금 읽고 있습니다〉에서는 전국의 동네책방 책방지기들이 '지금 읽고 있는 책'을 소개한다.
참여해 주신 김보연, 김진실, 오롯, 오수민, 유민영, 이동주, 이밤수지, 이지선, 이혜승 님께 감사의 말을 전한다.

『언어의 무게』 파스칼 메르시어 지음, 전은경 옮김, 비채, 2023

시한부 선고가 오진이었다는 것을 알게 된 번역가 레이랜드는 시간의 감각이 달라진 그 이후의 삶을 살아가게 된다. 번역으로서의 언어를 넘어 자기 자신으로서 존재하기 위한 언어를 향해.

책과생활
책방지기 김진실
(광주 동구)

『520번의 금요일』 416세월호참사 작가기록단 지음, 온다프레스, 2024

세월호참사 작가기록단이 10년간의 세월호가족협의회 활동을 정리한 공식 기록집입니다. 거대한 슬픈 사건을 겪은 '우리'입니다. 아픔과 책임에 통감하며 함께 읽으면 좋겠습니다.

연 책방
책방지기 김보연
(강원 삼척시)

『적응의 동물이라는 말에 보태어질 작은 증명이 될 수 있을까』 연리 지음, 제로페이퍼, 2023

저자의 글로 얼굴을 가리며 울고 싶어지는 기분이 든다. 존재를 보다 명징하게 증명하는 것은 부재가 아니라 그저 현재에 놓여 실재하는 것임을 저자와 독자가 함께 깨달아 가는 책.

오평
책방지기 오수민
(경기 수원시)

『파견자들』 김초엽 지음, 퍼블리온, 2023

인간과 비인간 존재의 공생을 꿈꾸는 SF적 상상. 인간은 과연 자신의 자아나 일상, 사회 체계 등 익숙하던 모든 것을 위협할 수도 있는 존재와 함께 살아가는 것이 가능할 것인가.

오롯서점
책방지기 오롯
(경북 상주시)

『세상을 받아들이는 방식』 메리 올리버 지음, 민승남 옮김, 마음산책, 2024

수달은 컴퓨터를 갖고 있지 않지만, 사람들이 누구의 집을 부러워하는지, 무엇을 숭배하는지 부러워하지 않아요. 그는 사람의 호기심 어린 몸을 신뢰하고 거의 대화에 가까워집니다. 세상을 그대로 받아들입니다.

북살롱 텍스트북
서점지기 1호 유민영
(서울 종로구)

『용문소로일기』 키므네 지음, 인디펍, 2023

주인공이자 저자가 대도시에서 벗어나 전원에서 생활하면서 겪는 생활 이야기로 글과 그림이 함께하고 있다. 자연으로 떠나서 생활하고자 하는 누군가와 우리의 지친 일상을 깨우치게 해주는 책.

동주책방
책방지기 이동주
(부산 수영구)

『완벽에 관하여』 마크 엘리슨 지음, 정윤미 옮김, 북스톤, 2024

이 책은 완벽함을 이야기하는 책이 아니다. 실수와 무너짐, 약점과 오류 사이에서도 계속하는 힘에 대해 이야기한다. 어떤 결과보다도 연습과 과정의 중요성에 대해 다시금 생각하게 하는 책!

잘 익은 언어들
대표 이지선
(전북 전주시)

『지렁이의 불행한 삶에 대한 짧은 연구』 노에미 볼라 지음, 김지우 옮김, 단추, 2024

자칫 하찮은 미물로 치부되는 지렁이의 매력적이고 대단히 보잘 것 있는 이야기. 주목받지 않아도 그저 주어진 하루를 살아 내는 작고 소중한 존재의 가치를 발견하는 기쁨을 누릴 수 있어요.

밤수지맨드라미
북스토어
책방지기 이밤수지
(제주 우도면)

『어쩌다 보니 가구를 팝니다』 이수연 지음, 길벗어린이, 2024

꿈과 현실의 사이에서 길을 헤매는 이에게 추천합니다. 그저 머무르지도, 이리저리 휩쓸리지도 않고 나 자신이 주체가 되어 내가 원하는 방향으로 발걸음을 내디딜 힘을 전하는 책입니다.

모랭이숲
책방지기 이혜승
(충남 아산시)

# 신간 책꽂이

이 계절의 책
2024년 여름

[편집자] 〈신간 책꽂이〉에는 최근 발간된 신간 가운데 눈에 띄는 책을 골라 추천 이유와 함께 소개한다. 이 책들의 선정과 소개에 도움을 주신 분들은 다음과 같다.

김경영(알라딘 인문·사회·과학 담당 MD)
김수현(교보문고 마케터)
손민규(예스24 인문·사회·과학 담당 MD)
한채원(이것은 서점이 아니다 공동 책방지기)
(가나다순)

『이스라엘의 가자 학살』질베르 아슈카르 지음,
팔레스타인 평화 연대 옮김, 리시올
이스라엘의 가자 학살이 어떻게 전개되었고,
어떠한 방향으로 흘러갈지, 팔레스타인의
해방을 위해 어떤 노력이 필요한지 분석하는 책.
정의와 해방을 위한 팔레스타인 투쟁에 연대를
요청한다.(한채원)

『내전, 대중 혐오, 법치』피에르
다르도·크리스티앙 라발·피에르 소베르트·
오 게강 지음, 정기헌 옮김, 원더박스
이 책은 세계에서 벌어지는 파행적 흐름의
원인을 여전히 굳건한 신자유주의에서 찾는다.
대중을 지배하는 신자유주의의 전략은 선명하고
두렵다. 프랑스 책이지만 한국의 상황에도
꼭 맞는다.(김경영)

『야망계급론』엘리자베스 커리드핼킷 지음,
유강은 옮김, 오월의봄
이 시대의 계급 현실을 적확하게 설명하는 책.
현대 소비 문화의 구체적 분석을 통해 부유층과
엘리트들이 자신의 지위를 드러내는 새로운
수단과 교묘한 방법을 밝혀낸다.(김경영)

『계급 천장』샘 프리드먼·대니얼 로리슨 지음,
홍지영 옮김, 사계절
능력주의란 얼마나 그럴듯해 보이는 허상인가.
저자들은 영국의 엘리트 직종 내부의 '계급 임금
격차'를 분석한다. 능력으로 오인되는 특권,
그것은 계급 천장을 형성하고 있었다.(김경영)

『진짜 노동』 데니스 뇌르마르크 지음, 손화수 옮김, 자음과모음

전작에서 '가짜 노동'의 개념을 정의한 저자가 이번에는 '진짜 노동'으로 가는 길을 제시한다. 의미 있는 일을 만들기 위해 조직과 개인이 무엇을 할 수 있는지를 구체적으로 다뤘다.(김수현)

『컬트』 맥스 커틀러·케빈 콘리 지음, 박중서 옮김, 을유문화사

왜 인간은 해괴한 세계관을 믿고 몸과 재산까지 바칠까? 이 책은 20세기 이후 세상을 경악하게 한 집단 광기 아홉 건을 분석한다. 컬트 지도자들과 신도들의 심리에 관한 입체적 보고서.(손민규)

『소녀가 되어가는 시간』 에이미 엘리스 넛 지음, 현아율 옮김, 돌고래

쌍둥이 형제로 태어나 한 명은 남자로, 한 명은 여성으로 성장하는 논픽션. 차별과 혐오에 맞선 가족과 공동체가 만들어 낸 감동 실화.(손민규)

『스티프트』 수전 팔루디 지음, 손희정 옮김, arte

『백래시』의 저자 수전 팔루디의 또 다른 대표작. '남성성이라는 신화에 배신당한 남성들은 어째서 여성에게 분노할 뿐 사회에 저항하지는 않는가?' 6년여에 걸친 방대한 취재와 인터뷰.(김경영)

『퍼센트』 안지현 지음, 이데아

통계로 대한민국 사회를 바라본다. 아동 재학대 14.7퍼센트, 장애인의 외출 21.7퍼센트, 경력 단절 여성 25.3퍼센트. 안 좋은 숫자다. 지금 한국 사회의 구조적 모순을 드러낸다.(손민규)

『울산 디스토피아, 제조업 강국의 불안한 미래』 양승훈 지음, 부키

사람들이 울산을 떠난다. 여성과 청년 유출이 심하다. 하청과 외주화, 산업 가부장제, 좌초된 메가시티론 등 울산이 처한 딜레마와 대한민국 제조업의 미래를 분석한 대작.(손민규)

『마포주공아파트』 박철수 지음, 마티
한국 아파트 단지의 특징은 1962년 1차
완공, 1964년 최종 준공이 이루어진
마포주공아파트로부터 시작한다. 이 책은
지금 우리가 사는 공간을 이해하기 위한
필독서다.(손민규)

『서울 건축 여행』 김예슬 지음, 파이퍼프레스
서울의 집, 학교, 병원, 박물관을 걸으며 도시가
겪은 파란만장한 근현대사를 살펴본다.
이 책은 도시의 풍경이 스마트폰 화면보다 훨씬
매력적이라는 사실을 일깨운다.(손민규)

『조응』 팀 잉골드 지음, 김현우 옮김, 가망서사
선의 인류학자 팀 잉골드. 이 책에서 그는
인간의 과도한 자아 중심성을 넘어서서 비인간
생명체, 사물, 자연과 어우러져 관계 맺는 삶의
방식을 보여 준다. 우리의 존재 방식을 흔드는
에세이들.(김경영)

『식물이라는 세계』 송은영 지음, RHK
지금까지의 세밀화와는 다른 매력의 책.
아름다움만으로는 모두 설명할 수 없는
성스러움을 표현한다. 식물의 삶에서 인간사를
통찰해 내며 공감과 위로를 전한다.(손민규)

『북극에서 얼어붙다』 마르쿠스 렉스·마를레네
괴링 지음, 오공훈 옮김, 동아시아
기후변화의 진원지인 북극을 향해 떠난 모자익
원정대의 탐사 기록. 긴박함, 추위, 고통, 고독,
열정과 아름다움이 뒤섞인 북극에서의 사계절을
생생하고도 촘촘하게 담았다.(김수현)

『평범하여 찬란한 삶을 향한 찬사』 마리나 반
주일렌 지음, 박효은 옮김, FIKA
평범한 삶의 비범함과 가치를 담담하게 전한다.
발버둥치며 살아가는 현대인에게
꼭 필요한 격려의 말을 대가들의 글과 사유에서
건져 냈다. 마지막 장에 다다르면 마음이 한결
평온해진다.(김수현)

『꿈의 인문학』 싯다르타 히베이루 지음, 조은아
옮김, 흐름출판

신비하고 다채로운 꿈 세계로의 초대. 꿈의
원리에 대해 알고 싶거나 꿈을 해석하고
싶었다면, 다른 이들의 꿈이 궁금했다면
이 책의 탐구가 꽤나 만족스러운 대답으로
다가올 것이다.(김수현)

『완벽에 관하여』 마크 엘리슨 지음, 정윤미 옮김,
북스톤

저자가 뉴욕 최고의 목수다. 한 분야에서 오래
일하고 최고가 된 사람에게는 특별함이 있다.
신념, 재능, 원칙, 실패, 부 등 저자가 집을
지으며 깨달은 통찰에 주목해 보자.(손민규)

『세상의 발견』 클라리시 리스펙토르 지음,
신유진 옮김, 봄날의책

'작가들이 사랑하는 작가'이자 '우크라이나계
유대인 브라질 여성' 클라리시 리스펙토르의
산문집. 작가 특유의 솔직함과 예리함이 서린
여행기, 인터뷰, 글쓰기에 대한 사유 등이
두텁게 담겨 있다.(한채원)

『낭비 없는 밤들』 실비아 플라스 지음, 박선아
옮김, 마음산책

퓰리처상 수상 시인 실비아 플라스의 국내 초역
단편과 에세이를 묶은 작품집으로, 위대한
작가이자 고독한 개인이었던 그를 총체적으로
이해할 수 있게 되는 책. 절정과 절망 사이, 삶의
끊임없는 진동이 느껴진다.(한채원)

『여기서는 여기서만 가능한』 이연숙 지음, 난다

살기 위해 일기를 썼다는 비평가 이연숙의 산문.
예술가, 여성, 퀴어, 가난, 섹슈얼리티, 글쓰기
등 다양한 이야기가 교차된다. 작가 특유의
진한 피로와 유머를 머금은 고독하고도 집요한
책.(한채원)

『매일 쓸 것, 뭐라도 쓸 것』 금정연 지음,
북트리거

서평가 금정연의 일기집. 마감 노동, 육아, 취미
등 일상의 희로애락을 담은 자신의 일기에
위대한 작가들의 일기를 포개었다. 매일,
뭐라도 쓰는 삶을 꿈꾸는 독자들에게 이 책을
추천한다.(한채원)

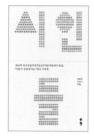

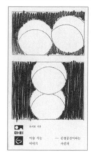

『메리와 메리』샬럿 고든 지음, 이미애 옮김,
교양인

메리 울스턴크래프트와 메리 셸리, 여성사에
빛나는 업적을 남긴 모녀의 전기. 담대하고
지성적인 두 여성의 삶이 한 꼭지씩 교차되며
서술된다. 매혹적인 삶, 흡입력 있는
서술.(김경영)

『미친, 사랑의 노래』밀사 외 11인 지음,
현실문화

시인 김언희의 세계를 여성, 작가, 퀴어의
시선으로 재해석하고 전유하는 '유사' 비평서.
한계를 짓는 '진짜'에서 벗어나 무한한 가능성을
제공하는 '유사'의 실험을 통해 김언희의
작품으로 독자들을 초대한다.(한채원)

『펼친 면의 대화』전가경 지음, 아트북스

열한 명의 북디자이너가 들려주는 책이 꼴을
갖추기까지의 이야기. 책 안과 밖, 이들의
손길이 닿지 않은 곳이 없다. 이제 판권 면의
디자인 영역을 유심히 살펴보게
될 것이다.(김수현)

『시인들』박참새 지음, 세미콜론

7인의 시인이 참여한 박참새의 대담집.
"시가 세상을 구하거나 망하게 할지는
알 수 없지만, 우리를 쥐고 흔들 수 있다는
것은 안다"는 박참새의 말처럼 시 앞에서
기꺼이 조이고 흔들리고픈 독자에게 이 책을
추천한다.(한채원)

『개구리극장』마윤지 지음, 민음사

마윤지 시의 촉감은 여름의 그늘, 겨울의
햇살처럼 다정하고 서늘하다. 얇은 겹으로
가려져 있던 기억과 감각. 그리고 그 안에서
여전히 변하지 않은 태도와 질문들을 발견하게
되는 시집.(한채원)

『미술 사는 이야기』유지원 지음, 마티

2010년대 서울의 구도심과 구산업지역에
신진 작가들이 모여 생겨난 '신생공간'.
그곳에서 미술 향유를 시작한 비평가 유지원의
개인적인 미술 소비 일기이자 동시대 예술 활동
아카이브.(한채원)

『나쁜 책』 김유태 지음, 글항아리

'나쁜 책'으로 낙인찍힌 책들을 위한 변론이자
세심한 헌사. 안전한 책이 아닌 금지된 책을 향해
손을 뻗고 싶어진다. 여기서 다룬 30권을 찾아
읽으며 진짜 독서를 시작해 보자.(김수현)

『지금도 책에서만 얻을 수 있는 것』 김지원 지음,
유유

인문교양 뉴스레터 '인스피아' 발행인 김지원의
책 예찬. 출처가 불분명하고 거짓 뉴스가
범람하는 영상보다 책에서 올바른 정보를
더 빠르게 찾을 수 있다. 책은 재밌기까지
하다.(손민규)

『이상한 책들의 도서관』 에드워드 브룩-히칭
지음, 최세희 옮김, 갈라파고스

세상의 온갖 기괴하고 불결하며 아름다운
음지의 책들을 소개한다. "그 책이 존재하지
않았더라면 곧바로 사라져 버리고 말았을
사유와 지식, 유머를 품고" 유익함과 해로움의
경계로 우리를 이끈다.(한채원)

『도서관에는 사람이 없는 편이 좋다』 우치다
다쓰루 지음, 박동섭 옮김, 유유

우치다 다쓰루가 전하는 책, 도서관, 서점에
관한 이야기. 도서관이 자본과 시장의 논리에서
벗어나 유유한 사고의 공간이 되어야 하는
이유에 대해 말한다.(김경영)

『좋은 문장 표현에서 문장부호까지!』 이수연
지음, 마리북스

가까이 두고 수시로 참고하고 싶은 책. 의미,
문장구조, 문장부호, 높임 표현에 이르기까지
헷갈리는 표현들을 총정리했다. 말과 글을
정확하고 세련되게 쓰고 싶은 이들에게
추천한다.(김수현)

『드라마: 공모전에 당선되는 글쓰기』 오기환
지음, 북다

드라마 대본 작법에 대한 촌철살인의 질문을
던지고, 답변과 함께 가이드를 제시한다. 이론
설명에 그치지 않고 연습 문제와 공모전 제출
요령까지 담았다. 막막함에 한 줄기 빛이
될 책.(김수현)

**『어른의 대화 공부』 켄지 요시노·데이비드 글래스고 지음, 황가한 옮김, 위즈덤하우스**
입 떼기가 두려워지는 세상, 젠더부터 정치까지 정체성에 관한 대화를 잘할 수 있는 방법에 대해 말하는 책. 대화를 잘하는 법을 배운 적 없는 우리 모두에게 필요한 내용이다.(김경영)

**『음모론이란 무엇인가』 마이클 셔머 지음, 이병철 옮김, 바다출판사**
저자는 음모론자들을 바보 취급 하는 대신 음모와 음모론을 낱낱이 해부한다. 왜, 무엇을, 어떻게 믿는가? 과학적 회의주의자의 인도를 따라 음모론에 대한 오해를 풀어 볼 시간.(김수현)

**『과학 잔혹사』 샘 킨 지음, 이충호 옮김, 해나무**
과학사에서 윤리를 망각했던 일화들을 모은 책. 시신 도굴, 동물 전기 실험, 당사자의 동의 없는 수술…… 충격적인 이야기로 강조하는 과학 윤리의 중요성.(김경영)

**『호르몬은 어떻게 나를 움직이는가』 막스 니우도르프 지음, 배명자 옮김, 어크로스**
알고 보니 이 모든 게 다 호르몬 때문이었다! 각양각색의 호르몬이 우리 몸과 정신에 미치는 영향을 생애 주기별로 알기 쉽고 재미있게 소개한 책.(김수현)
인간은 비슷한 생애 주기를 거친다. 이를 관장하는 건 호르몬. 이 책은 시기별 중요한 호르몬을 설명하고 비만과 우울, 노화에 맞서는 법도 함께 공개한다.(손민규)

"이런 사람이 뭘 사랑한다고 할 땐
정말 사랑하는 것이다.
15년 동안 쓰인 그의 연서戀書가 완성됐다."

—신형철 문학평론가

# 얼룩이 번져 영화가 되었습니다

송경원 지음,
ISBN: 979-11-6689-248-6, 정가: 17,800원

'영화관을 나서면 말을 걸어오는 영화가 있다'
《씨네21》편집장 송경원이 스물여덟 편의 영화와 대화한 기록

**바다출판사**

《과학잡지 에피》 28호
(2024년 여름)
"고양이"

em

## 우리가 느끼고 싶은 이 시대의 감수성, 이 한권만으로 충분하다

# 창비시선 500 기념시선집 출간!

창비시선 500 기념시선집

## 이건 다만 사랑의 습관

**안희연 황인찬 엮음**

한국현대시의 중심을 형성한 창비시선의 500번째 기념
시선집. **세계일보**

세계 문학사에서도 뚜렷한 족적. 다양한 세대의 시선이
함께 호흡하며 '시의 시대'를 이끌고 대중화를 이뤄내다.
**한국일보**

국내 최초 신작 시선집을 표방하고, 시집 1만부 시대를
궤도에 올린 창비시선이 500번째 시집을 독자 앞에 상재
했다. **한겨레**

값 11,000원

---

## 창비시선 001~499, 77명의 시인들이 고른 '내가 사랑하는 시'

# 한권으로 만나는 우리 시의 빛나는 역사

창비시선 500 특별시선집

# 한 사람의 노래가
# 온 거리에 노래를 신경림 외 지음

창비시선 400번대에 속한 시인들이 그간 시선에 실린
작품 중 최고로 치는 것을 추천받아 담았다. **서울신문**

시인들에게 창비시선 전 시집을 대상으로 가장 사랑하
는 시를 추천받아 묶은 시선집. 한국시의 빛나는 역사
가 한권에 모였다. **국민일보**

값 17,000원

창비
Changbi Publishers

서울
리뷰 오브
북스

Seoul
Review of
Books
2024 여름

14

| | |
|---|---|
| 발행일 | 2024년 6월 15일 |
| 편집위원 | 강예린, 권보드래, 권석준, 김영민, 김홍중, 박진호 |
| | 박훈, 송지우, 심채경, 유정훈, 이석재, 정우현, 정재완 |
| | 조문영, 현시원, 홍성욱 |
| 편집장 | 김두얼 |
| 편집 | 장윤호 |
| 디자인 | 정재완 |
| 제작 | (주)대덕문화사 |
| 발행인 | 조영남 |
| 발행처 | 알렙 |
| 등록일 | 2020년 12월 4일 |
| 등록번호 | 고양, 바00044호 |
| 주소 | 경기도 고양시 일산서구 중앙로 1455 대우시티프라자 715호 |
| 전자우편 | seoulreviewofbooks@naver.com |
| 웹사이트 | www.seoulreviewofbooks.com |
| ISSN | 2765-1053 42 |
| 값 | 15,000원 |

| | |
|---|---|
| 구독 문의 | seoulreviewofbooks@naver.com |
| 정기구독 | 60,000원 (1년/4권) → 50,000원(17% 할인) |
| | 자세한 사항은 QR코드를 스캔해 주세요. |

| | |
|---|---|
| 광고 문의 | 출판, 전시, 공연 등 다양한 영역에서 서울리뷰오브북스의 |
| | 파트너가 되어 주실 분들을 찾습니다. 제휴 및 광고 문의는 |
| | seoulreviewofbooks@naver.com로 부탁드립니다. |
| | 단, 서울리뷰오브북스에 실리는 서평은 광고와는 무관합니다. |